KYNOS RATGEBER

BEARDED COLLIE

Brenda White

KYNOS VERLAG

DIE AUTORIN

Brenda White wuchs in einer tierlieben Familie auf. Ihre Jugend zeichnete sich durch die Betreuung einer Vielzahl von Katzen und Hunden aus. Sie betreute auch Ponys, mutterlose Lämmer und Meerschweinchen. Immer ersehnte sie sich einen *zottigen Hund.* Und auf einmal entdeckte sie bei einer Fernsehsendung den Bearded Collie - eine Hunderasse mit einem wunderbaren Temperament und echtem *zottigem Hundecharme.* 1973 kaufte Brenda ihren ersten Beardie, seither ist ihr Leben stark durch diese Hunderasse geprägt - eigene Zucht, Ausstellen und Richten auf oberster Ebene. Bis zum heutigen Tage züchtete Brenda neun englische Champions. Insbesondere führte sie *Cassie - Ch. Pottersdale Classic of Moonhill -* zum Spitzensieg 1989 auf Crufts mit *Crufts Supreme Best in Show.*

DANKSAGUNG

Für die Bereitstellung wunderschöner Fotos gilt mein besonderer Dank Amanda Bulbeck und Michael Trafford, außerdem für Fotos eigener Hunde L. Dumbrell, D. Barley, W. Rawson, B. Calloway, E. Gallatly, G. Ellis-Brown, R. Gentle, T. Pool, M. Baker, J. Tucker und T. Paakkanen.

Wichtige Adressen

Deutschland: Club für Britische Hütehunde e.V., Dopheide 53, 33758 Schloß-Holte, Telefon: 05207 - 8330
Deutscher Collie Club, St. Wendeler Straße 62 b, 66892 Bruch M.-Miesau, Telefon: 06372 - 4567
Österreich: Österr. Club für Britische Hütehunde, Donaufelderstraße 215, A-1222 Wien, Telefon: (0043) 1 - 203 47 62
Schweiz: Schweizerischer Collie-Club SCC, Vogelsang, CH-8514 Bissegg, Telefon: (0041) 1 - 954 00 01

Am Remelsbach 30, D-54570 Mürlenbach/Eifel
Telefon: 06594/653 - Telefax: 06594/452

ISBN 3-929545-82-9

Druck und Herstellung: Ringpress Books Ltd.

Übersetzung: H. und Dr. D. Fleig

Inhaltsverzeichnis

Quinbury Stormdrifter at Runival CD EX. Der Bearded Collie eignet sich ideal für Arbeit in den Bergen. Sein zottiges Fell schützt ihn gegen die schlimmsten Witterungsunbilden.

1 Einführung des Bearded Collie

Die Geschichte des Bearded Collie zurückzuverfolgen ist gar nicht einfach. Sie reicht zurück bis zum Jahre 1840, alte Berichte betonen besondere Merkmale, die diese Hunde als eigene Rasse identifizieren. Anders als Spaniel und Jagdhunde, die man häufig in Büchern über Kunst und Jagd abgebildet findet, standen Bearded Collies nicht im Besitz des Adels oder gehobener Gesellschaftsschichten. Andernfalls gäbe es über Vorfahren und Geschichte bessere Dokumente. Beardies waren aber einfache Arbeitshunde, standen im Besitz von Farmern und Schäfern.

Kein Zweifel besteht, daß Beardies - wie sie liebevoll genannt werden - von einer Familie zottiger Hütehunde abstammen, die es in ganz Europa gab. Diese Hunde kamen wahrscheinlich im Rahmen des Handels oder durch

Sunbree Such Delight. Die Kombination von Selbstbewußtsein und Intelligenz macht den Beardie zu einem zuverlässigen Arbeitshund. Er treibt sowohl Rinder wie Schafe zusammen.

Kriege nach England, man traf sie schon früh bei den keltischen Stämmen in den Randbezirken des Landes. Ehe Beardies als Rasse gefestigt waren, paarten die Farmer kurzerhand gute Arbeitshunde mit gleich starken Arbeitsqualitäten unabhängig von ihrem Aussehen miteinander. In England entstanden drei Schläge europäischer zottiger Hütehunde, darunter der Beardie. Die zwei anderen sind der Old English Sheepdog (Bobtail) und der Welsh Grey. Letztere Rasse ist erst vor kurzer Zeit ausgestorben.

Der Bearded Collie wurde gezüchtet, um Weidetiere zu sammeln und zu treiben, hierzu mußte er viel laufen und bellen. Keinesfalls darf man ihn mit dem Border Collie verwechseln, der still arbeitet, die Herde dauernd umrundet. Ein Bearded Collie, der für seine Aufgabe etwas taugt, wird als *lauter Arbeitshund* klassifiziert, eine bei ihm erwünschte Eigenschaft. Vor den Zeiten des Massentransports mußten Hunde Rinder und Schafe auf weite Entfernungen *auf den Hufen* zum Markt treiben. Oft traf man den Beardie auf dem Smithfield Markt in London, ja - ursprünglich war die Rasse sogar als *Smithfield Collie* bekannt.

Er fand auch in bergigem Gelände Einsatz. Seine Beweglichkeit und Sicherheit auf den Läufen, zusammen mit einer dicken Haut und zottigem, wetterfestem Haarkleid, brachten es mit sich, daß er in jedem Gelände auch bei schlimmstem Wetter arbeiten konnte. Hohe Intelligenz, verbunden mit Selbstbewußtsein und Unabhängigkeit, machten ihn für den Schäfer wie für den Treiber zum idealen Arbeitspartner.
Man konnte den Beardie auch alleine zur Arbeit schicken, er kehrte einige Tage später zurück, wenn er seine Arbeit verrichtet hatte. Als ein modernes Transportsystem entstand, schickte man lebende Tiere mit Lastern und der Eisenbahn zum Markt, die Arbeitsaufgabe des Bearded Collie begann zu schwinden.

Balmaeneil Scott. So sahen Beardies um die Jahrhundertwende aus.

DER MODERNE BEARDIE

Wenn man eine Hunderasse, deren Arbeitsaufgaben schwinden, nicht zum Ausstellungshund macht, beginnt sie auszusterben. Historisch gesehen sind Rassehunde eine neuere Entwicklung. Erst nach der Verabschiedung eines Rassestandards durch die

Eng. Am. Can. Ch. Sammara Standing Ovation. Der moderne Beardie besitzt noch immer eine beeindruckende Ähnlichkeit mit seinem frühen Vorfahren.

Fans werden bestimmte Merkmale gefestigt. Im Ausstellungsring beurteilen die Richter, wie weit jeder einzelne Hund den körperlichen Merkmalen entspricht, die vom Rassestandard verlangt, weltweit von den Kennel Clubs gefordert werden. Wichtig sind dabei auch die Wesensmerkmale! Um die Jahrhundertwende begann Mrs. Cameron Miller Bearded Collies auszustellen. Ein Foto ihres hübschen Balmaeneil Scott - erschienen in *Hutchinson's Dog Encyclopaedia* - vermittelt uns eine gute Vorstellung, wie die Rasse zunächst aussah. 1912 wurde in Edinburgh der *Bearded Collie Club* durch J. Russell Greig, CBE, PhD, MRCVS, FRSE gegründet. Bedauerlicherweise erlosch mit dem Ausbruch des Ersten Weltkriegs dieser Club. Erst 1944 erwarb die schon ältere Mrs. G. O. Willison einen schokoladenfarbenen Bearded Collie Welpen mit weißen Abzeichen. Diese Hündin wurde als *Jeannie of Bothkennar* eingetragen, zur Stammhündin der *Bothkennar Kennels.*

Mrs. Willison war von der unglaublichen Intelligenz und dem bezaubernden Wesen von Jeannie begeistert, machte sich daran, einen zu ihr passenden Partner zu suchen. Im Jahre 1949 sah sie am Strand von Hove in Sussex einen grauen, zottigen Hund, der mit seiner Besitzerin spazierenging. Diese Dame hatte ihren Hund von einem Farmer in North Devon gekauft. Sie war gerade im Begriff, in eine Stadtwohnung umzuziehen und hoffte für ihren Hund, daß er auf dem Land bleiben könnte. Zwei Tage später kam dieser Rüde mit Mrs. Willison nach Hause, wurde von ihr beim Kennel Club als *Bailie of Bothkennar* eingetragen. Bailie wurde mit Jeannie gepaart, und aus diesem Ausgangspaar als Stammeltern stammen alle Bearded Collies von da an bis zum heutigen Tage.

Dank der unermüdlichen Energie von Mrs. Willison erzielte die Rasse einen Erfolg nach dem anderen. Sie ermutigte die Bearded Collie Fans, ihre Zuchtprodukte auszustellen, weiter zu züchten, wählte persönlich Beardies aus, die dem Typ voll entsprachen, ließ sie beim English Kennel Club und beim Scottish Kennel Club eintragen. Als sich im Winter 1963/64 der Gesundheitszustand von Mrs. Willison verschlechterte, mußte sie ihren berühmten Zwinger der *Bothkennar Bearded Collies* aufgeben, an dem sie so hart gearbeitet hatte, um ihn zu festigen. Aber nichts war verloren - die *Bothkennar Beardies* wurden bei anderen enthusiastischen Liebhabern in sicherer Hand plaziert, die auf den Blutlinien, die Mrs. Willison aufgebaut hatte, die Zucht fortsetzten. Diese *Wahrer der Rasse* haben uns allen quer durch die Welt, die wir so viel Freude aus dem Besitz von Bearded Collies schöpfen, die wahrhaft bezaubernden Hunde geschenkt, die sie heute sind.

DER PERFEKTE BEARDIE

Jede eingetragene Hunderasse wird im Ausstellungsring nach dem Rassestandard gerichtet, er ist der Entwurf, der den *perfekten Hund* skizziert. Natürlich gibt es eine solche Perfektion nirgends - aber Aufgabe des Richters ist es, alle vorgestellten Hunde zu überprüfen, die höchsten Ehren nur den Hunden zuzusprechen, die ihrer Meinung nach dem Ideal am nächsten kommen. Die wichtigsten äußeren Merkmale, welche der Rassestandard für den Bearded Collie verlangt, sind folgende:

ALLGEMEINES ERSCHEINUNGSBILD

Der Bearded Collie sollte ein schlanker, aktiver Hund sein, das Wesen eines zuverlässigen, intelligenten Arbeitshundes besitzen. Bearded Collies dürfen nicht kurzläufig sein. Obwohl kräftig gebaut, sollen sie nicht zu schwer wirken. Man muß immer viel Tageslicht unter ihrem Körper sehen können.

KOPF: Der Kopf muß breit und flach sein, quadratisch, mit kräftigem Fang, im richtigen Verhältnis zur Körpergröße stehen. Pigment von Nase, Lefzen und Augenrändern einfarbig, ohne Flecken oder Punkte, immer parallel zur Fellfarbe.

Die Augen sind im Farbton auf die Farbe des Fells abgestimmt. Sie sind groß, weit auseinander liegend, von weichem und liebevollem Ausdruck. Die Ohren sind mittelgroß, seitlich des Kopfes nach unten hängend. Bei Aufmerksamkeit heben sie sich im Ansatz, verstärken damit den Eindruck von der Breite des Oberkopfs. Der Ohrenansatz darf aber nicht höher als Schädelhöhe sein.

Die Zähne sollten groß und weiß sein, ein komplettes Scherengebiß wird bevorzugt - das heißt, die oberen Schneidezähne überlappen eng die unteren Schneidezähne. Ein Zangengebiß ist erlaubt, aber nicht erwünscht.

KÖRPER: Der Beardie ist im Rücken länger als seine Widerristhöhe. Im Idealfall beträgt die Widerristhöhe bei Rüden 53 - 56 cm, bei Hündinnen 51 - 53 cm. Für Herz und Lungen muß in dem langen, tiefen Rippenkorb sehr viel Raum sein. Die Lendenpartie sollte kräftig verlaufen.

Der Hals ist mäßig lang, leicht gebogen und muskulös, geht sanft in gut zurückgelagerte Schultern über.

Die Läufe müssen gerade sein, gute Knochen haben. Vordermittelfuß elastisch, aber ohne Schwäche. Läufe wie Pfoten sind einschließlich der Ballen mit zottigem Haar gut bedeckt. Die Pfoten sind oval geformt, Zehen gut aufgewölbt, schön geschlossen; Ballen gut gepolstert.

Hinterhand stark bemuskelt mit kräftigen Unterschenkeln. Sprunggelenke tief gestellt und kräftig, Knie gut gewinkelt. Im Interesse der Balance müssen Winkelung von Schulterblatt und Knie aufeinander abgestimmt sein.

Die Rute ist tief angesetzt, lang genug, daß der letzte Rutenwirbel zumindest bis zu den Sprunggelenken reicht. Im Stand wie in der Bewegung tief getragen mit Aufwärtskrümmung an der Rutenspitze. Bei schnellerer Gangart auch ausgestreckt. Die Rute darf niemals über den Rücken gerollt getragen werden.

Im Ausstellungsring wird der Bearded Collie nach dem Rassestandard bewertet, nach den Gütemerkmalen für einen perfekten Hund.

BEWEGUNG: Der Beardie sollte den Boden mit gleichmäßig fließenden, weit ausgreifenden, mühelosen Schritten überwinden. Bei einem gut ausbalancierten Hund macht die Beobachtung des Bewegungsablaufs große Freude.

HAARKLEID: Der Beardie besitzt doppeltes Haarkleid. Die Unterwolle ist dick, pelzig und dicht anliegend, das Deckhaar hart, kräftig und zottig. Eine leichte Wellung ist erlaubt, nie darf aber das Fell wollig oder gelockt wirken. Das Haar sollte lang genug sein, um die natürlichen Körperlinien zur Geltung zu bringen, aber nicht so lang, sie zu verdecken. Das Haar am Nasenrücken ist dünner. Die unteren Lefzen, die Wangen und die untere Kinnpartie haben längeres Fell, das sich in seiner Länge bis zum typischen Bart auswächst.

FARBE: Beardies können alle Schattierungen von Grau, Rötlich, Falb, Schwarz, Blau, Braun und Sandfarben haben - mit und ohne weiße Abzeichen. Weiße Markierungen findet man häufig am Fang, auf dem Kopf als Stirnfleck, an der Rutenspitze, auf der Brust, an Läufen und Pfoten. Tritt Weiß als Halskrause auf, sollten die Wurzeln weißer Haare nicht über die Schulter hinausreichen. Weiße Markierungen sind oberhalb der Sprunggelenke an den Hinterläufen außen nicht erwünscht. Dreifarbige Hunde können lohfarbene Markierungen auf den Augenbrauen, an der Innenseite der Ohren, an den Wangen, unterhalb der Rutenwurzel und an den Läufen zeigen, wo Weiß mit der Grundfarbe zusammentrifft.

DAS BEARDIE-WESEN

Einige heutige Beardies werden unverändert zur Arbeit an Schafen und Rindern eingesetzt. Es macht viel Freude zu beobachten, wie die angeborenen natürlichen Instinkte dabei genutzt werden. Die Mehrheit der Hunde wird heute jedoch in allererster Linie als Familienhund gehalten. Dabei muß man wissen, daß selbst wenn man nicht mit ihnen arbeitet, sich ihre erblichen charakterlichen Merkmale nicht einfach in dünne Luft aufgelöst haben. Eine der Arten, wie sich ihr natürlicher Arbeitstrieb äußert, ist, wenn die Familie einen Spaziergang unternimmt. Dein Beardie wird dabei das größte Vergnügen zeigen, *seine Herde* zusammenzuhalten, dabei von den die Geschwindigkeit angebenden Familienmitgliedern zu jenen laufen, die *hinten nachhinken,* versuchen, alle dicht zusammenzuhalten.

Bearded Collies können recht ausgelassen und wild sein. Insgesamt aber sind sie sehr selbstbewußte, extrovertierte Hunde, besitzen eine unheimliche Intelligenz. Sie gedeihen nur in menschlicher Gesellschaft und möchten unbedingt in die Familie voll einbezogen sein.

EINFÜHRUNG DES BEARDED COLLIE

Wenn es Hunde mit Humor gibt, gehören die Beardies dazu. Sollten sie Dich dabei ertappen, wie Du über ihre Späße lächelst, wenn Du sie beim Unsinntreiben beobachtest, werden sie es erst recht tun! Sie können aber auch sehr sanft sein, verstehen jede Stimmung, wissen genau, wann es angemessen ist, sich etwas abzuducken. Auch wann es günstig scheint, sich einige Streicheleinheiten abzuholen.

Kaufe Dir keinesfalls einen Bearded Collie, wenn Du ihn häufig stundenlang alleine lassen mußt, gleich ob im Haus oder im Zwinger. Nach meiner Erfahrung führt dies zu Beardies, die sich langweilen, zerstörerisch und laut werden, oft auch stumpf und mutlos. Beardies sind aktive Hunde, brauchen Gesellschaft, geistige Anregung und sehr viel freien Auslauf.

Einige Hunderassen hassen es sehr, wenn ihre Pfoten naß werden, das gilt für Beardies mit Sicherheit nicht! Sie lieben es, sich während Spaziergängen abzukühlen, sind durchaus nicht wählerisch, ob sie lieber im See oder Fluß schwimmen, nehmen auch ein kurzes Bad in einem Zuber in Kauf oder paddeln in einer schlammigen Pfütze. Wiege Dich selbst bei einem ländlichen Spaziergang an einem heißen Sommertag nicht in falscher Sicherheit, daß beim Nachhausekommen heute ein tüchtiges Saubermachen Deines Beardie ausfällt - sie sind wie ein Weidenzweig und finden immer Wasser, egal wo sie gerade sind. Bei vielen Gelegenheiten habe ich meine Beardies beobachtet, wie sie da standen und in die Luft schnüffelten, sich dann gegenseitig ansahen, als wollten sie sagen: »Kannst Du das Wasser riechen? O. K. Auf geht's!« Und mit großer Schnelligkeit, Beweglichkeit und Eleganz sind sie davon, man sieht das Fell nur noch am Horizont flattern. Bei der Rückkehr sind sie bester Laune, völlig durchnäßt, meist völlig von Schmutz überzogen. Wenn sie ihr Ziel erreicht haben, sind sie jetzt gerne bereit, es sich für die Heimreise im Auto gemütlich zu machen.

Perfekter Abschluß eines Spaziergangs!

2 Kauf eines Beardie

Wer immer sich einen Hund kauft, sollte genau überlegen, ob eine bestimmte Rasse in seine Familienverhältnisse, seine Arbeitsverpflichtungen und seinen Lebensstil paßt. Alle Rassen haben ihre sehr eigenen Merkmale, tragen Erbfaktoren, die es ihnen ermöglichen, die Aufgaben zu erfüllen, für welche die Rasse ursprünglich gezüchtet wurde. Selbst wenn ein Hund für die Aufgabe, für die er gezüchtet wurde, keinen Einsatz findet, bleiben diese erblichen Merkmale kraftvoll, beeinflussen ihr Tun und Handeln im Alltagsleben.

Bearded Collies entwickeln ein hübsches, witterungsbeständiges, zottiges Fell, das mit Sicherheit zu ihrer Schönheit beiträgt und für die ursprünglichen Aufgaben unerläßlich war. Es erfordert aber beträchtlich viel Zeit, um so gepflegt zu werden, daß es gesund und frei von zuviel Verfilzungen bleibt. Diese Hunde werfen auch immer einiges an Haar ab, bestimmt aber nicht so viel wie ein Labrador oder ein Golden Retriever. Auch Schmutz sammelt sich im Fell, deshalb sind Beardies bestimmt keine Hunde für eine *Musterhausfrau.*

Wahrscheinlich wäre es immer gut, eine Hundeausstellung zu besuchen, wo viele Rassen vorgestellt werden. Hier ist es möglich, sich die Hunde genau anzusehen, mit ihren Besitzern und Züchtern zu sprechen, sich zu vergewissern, ob der Bearded Collie die richtige Hunderasse ist. Du könntest auch nachforschen, ob im lokalen Bereich ein die Rasse betreuender Verein tätig ist, der Dich sicher gern berät.

DER ZÜCHTER

Bei den auf Seite 2 aufgeführten Rassezuchtvereinen erfährst Du Einzelheiten über die Rasse, am besten setzt Du Dich mit dem Clubsekretär in Verbindung, erkundigst Dich nach in der Nähe lebenden Züchtern. Einige Züchter inserieren auch in verschiedenen Hundezeitschriften Welpen zum Kauf, solche Zeitschriften erhält man im Abonnement oder am Kiosk. Es empfiehlt sich immer, einen oder zwei Züchter zu besuchen, so daß man die Hunde zu Hause kennenlernt. Vielleicht darf man auch bei einem Spaziergang mitkommen, um ein echtes Gefühl für die Hunde zu gewinnen. Kennst Du die Anschrift eines Züchters von gutem Ruf, solltest Du ihn anrufen, einen Besuch vereinbaren, um bei ihm Beardies anzusehen. Eine solche Vereinbarung

Beim Züchter solltest Du Dir sowohl erwachsene Tiere wie Junghunde gut ansehen.

sollte man immer einhalten oder rechtzeitig notwendige Änderungen ankündigen. Gute Züchter reservieren bei solchen Anmeldungen zumindest ein oder zwei Stunden, um über ihre geliebte Rasse zu sprechen. Bestimmt haben sie vorher auch einige Zeit aufgewandt, um die Hunde tüchtig zurechtzumachen, Fotos über Beardies in verschiedenen Wachstumsstadien bereitgelegt, auch einige Erfrischungen besorgt. All dies kostet wertvolle Zeit, vielleicht mußten aus diesem Grund ihre Hunde sogar auf einen schönen Spaziergang verzichten.

Es ist eine gute Vorsichtsmaßnahme, einige Zeit mit stark behaarten Hunden zu verbringen, um herauszufinden, ob irgend jemand in der Familie asthmatische Reaktionen zeigt, möglicherweise sogar gegen das Beardie-Haar allergisch reagiert, vielleicht auch auf Staubpartikel, die es selbst beim bestens gepflegten Hund gibt. Für alle Betroffenen wäre es unendlich traurig, wenn ein Hund an den Züchter zurückgegeben werden muß, weil ein Familienmitglied gegen Hundehaare allergisch ist.

Es wäre sicher gut, alle Fragen, die Dir einfallen, schon vor dem Besuch aufzuschreiben, denn beim Besuch selbst gibt es so viel Interessantes, vielleicht vergißt Du dabei die eine oder andere wichtige Frage. Gut ausgerüstet mit Stift und Papier kannst Du Notizen machen, andernfalls vergißt Du vielleicht wichtige Informationen, die Du über die Rasse erhältst. Nach dem Besuch bei einem oder zwei Züchtern, nach den Gesprächen mit Ausstellern auf Hundeausstellungen, bist Du bereits in der Situation, Dich für bestimmte Blutlinien zu interessieren, je nachdem, ob Du Deinen Beardie als Familienhund, Ausstellungshund oder zum Wettbewerb bei Unterordnungs- und

Agilityprüfungen haben möchtest. Das Temperament gehört zu den am stärksten vererbten Merkmalen. Du solltest darauf achten, daß Vater wie Mutter des Wurfes, aus dem Du Dir einen Welpen kaufen möchtest, gutes Wesen haben. Dann besteht berechtigte Hoffnung, daß die Jungtiere weder zu zurückhaltend noch zu wild sein werden.

RÜDE ODER HÜNDIN?

Als nächstes muß man sich entscheiden, ob man einen Rüden oder eine Hündin möchte. Ich habe über lange Jahre beide Geschlechter gehalten, wenig Unterschiede in den Persönlichkeiten gefunden - beide sind gleich loyal und gute Lebensgefährten. Man kann behaupten, Rüden seien nicht so stimmungsabhängig wie einige Hündinnen während ihres Sexualzyklus. Wenn Du eine Hündin wählst, mußt Du Dich auch mit dem Problem ihrer Hitze befassen - durchschnittlich alle sechs Monate - nicht zuletzt dafür sorgen, daß sie über diese Zeit von Rüden ferngehalten wird. Möchtest Du mit Deiner Hündin nicht züchten, kannst Du sie möglicherweise kastrieren lassen. Im allgemeinen tut man dies drei Monate nach der zweiten Hitze, wenn die Hündin voll ausgereift ist. Hierüber sollte man sich mit dem Tierarzt beraten.

Rüden sind etwas größer als Hündinnen, haben stärkere Knochen, sind folglich schwerer und etwas kräftiger ringsum. Als Faustregel würde ich einen Bearded Collie als Hund in Kniehöhe bezeichnen.

Rüden könnten eher streunen, insbesondere wenn sie den Duft einer heißen Hündin wittern. Dieses Problem läßt sich aber vermeiden, wenn man Haus und Garten sichert. Nimmt der Rüde beim Spaziergang die Spur einer heißen Hündin auf, wird er kurzerhand angeleint, hält man ihn über eine Woche nach Möglichkeit von dieser Auslauffläche fern.

Die meisten Bearded Collie Rüden sind freundlich und umgänglich, es ist angenehm mit ihnen zu leben. Solltest Du aber feststellen, daß Dein heranwachsender Rüde gewisse antisoziale Verhaltensmuster annimmt, beispielsweise Kissen oder die Beine von Besuchern besteigt, muß er zurechtgewiesen werden, um dieses Verhalten schon im Anfangsstadium zu korrigieren. Hat dies keinen Erfolg, könnte Kastration eine vernünftige Maßnahme sein, hierüber solltest Du Dich mit dem Tierarzt beraten.

DER AUSSTELLUNGS-BEARDIE

Möchtest Du Deinen Hund auch ausstellen, solltest Du Dich an einen Züchter wenden, der bekannt dafür ist, Zuchtmaterial von vorzüglicher Anatomie und Bewegungsablauf zu halten und den richtigen Rassetyp besitzt. Ein Junghund mit Ausstellungspotential braucht einen guten Kopf, korrekten anatomischen Aufbau und Gebiß, richtige Fellmarkierungen. Gefordert wird

Ausgewogenheit in allen Teilen, nach Möglichkeit eine Hundepersönlichkeit, die das Auge anzieht. Beobachte die Welpen beim Umherlaufen, dabei kannst Du die Hunde mit dem besten Bewegungsablauf erkennen. Wenn ein Welpe sich mit sechs oder sieben Wochen gut bewegt, wird er das immer tun. Aber, niemand kann bei Junghunden wirklich garantieren, wie sie sich auswachsen. Alle Züchter können ihren Anteil leisten, daß die Tiere anatomisch gesund sind, gutes Wesen haben und zusätzlich das Potential, einmal ein würdiger Rassevertreter zu sein.

Beardies gibt es in vielerlei Farben. Diese zwei braunen Beardies sind mit ihrer schieferfarbenen Mutter abgebildet.

HAARKLEID UND FARBE

Die nächste Überlegung gilt der erwünschten Farbe Deines Beardie - hier gibt es glücklicherweise eine breite Auswahl. Überlege alles noch vor der Geburt des Wurfes, bilde Dir eine eigene Meinung, wenn Du nach einigen Wochen den Wurf ansiehst. Meist ist es das zottige Bild des Beardies, das seine Liebhaber anzieht. Wissen muß man aber, daß ein solches Fell nicht leicht zu pflegen ist, man muß unbedingt wissen, was man sich ins Haus holt.

Der Bearded Collie hat ein doppeltes Haarkleid. Die Unterwolle ist pelzig, weich und dicht; das Deckhaar flach, hart, kräftig und zottig. Das Deckhaar darf etwas wellig sein, nie aber gelockt oder wollig. Beim erwachsenen Hund verlangt man genügend Fell, um ihm eine schützende Jacke zu sein. Läßt man Hündinnen kastrieren, entwickeln sie meist ein stärkeres Fell, dies ist hormonell bedingt.

Bearded Collies unterliegen beim Heranwachsen gewissen Fellwechseln, das kann für den neuen Besitzer manchmal etwas verwirrend sein. Die Geburtsfarbe des Beardie, wie sie beim Kennel Club eingetragen wurde, ist in der Regel auch die Fellfarbe des ausgewachsenen Hundes. Beim Beardie gibt es vier Hauptfellfarben, zusätzlich eine Ergänzung mit dreifarbigen Abzeichen. Manchmal findet man alle Farben in einem Wurf. Die vier Grundfarben sind Schiefergrau, Blau, Braun und Falb.

SCHIEFERGRAU: Bei Geburt schwarz, schwarze Nase und Pigment. Im Idealfall dunkelbraune Augen. Die Fellfarbe kann schwarz bleiben oder wird viel blasser, dunkelt wieder in eine Grauschattierung im Alter zwischen zwei und zweieinhalb Jahren. Welche Schattierung von schwarz oder grau das Erwachsenenhaar haben mag, immer erkennt man, daß dieser Hund schiefergrau geboren wurde, an seiner schwarzen Nase und schwarzen Pigmentierung.

BLAU: (eine aufgelichtete Farbe von Schiefergrau). Grau geboren, graue Nase und Pigmentierung. Die Augen sind im allgemeinen eine Mischung von Braun/Grau/Blau und sollten mit der Fellfarbe übereinstimmen. Blaue Hunde verblassen im allgemeinen während der Wachstumszeit ziemlich

Schiefergrau: Schwarz geboren kann das Fell schwarz bleiben oder wird dunkelgrau.

Blau: Grau geboren wird das Fell blasser, endet oft in blau/grau.

stark, tatsächlich können sie manchmal eine recht ausgewaschene Farbe zeigen. Ausgewachsen entwickelt sich das Fell endgültig in eine Schattierung von Blau und Grau.

Ausgewachsene *Schiefergraue* und *Blaue* können manchmal sehr ähnliche Fellfarben haben, aber das Nasenpigment zeigt die Farbe, in der sie geboren wurden.

BRAUN: Im allgemeinen bei Geburt Schokoladenbraun. Dunkelbraune Nase und Pigmentierung. Im Idealfall dunkelbraune Augen. In den meisten Fällen lichtet sich die Fellfarbe mit etwa 12 bis 18 Monaten auf, in diesem Stadium können die Hunde nahezu blond wirken. Zwischen zweieinhalb und drei Jahren kommt erst das Erwachsenenhaarkleid durch, zeigt der Beardie endgültig eine Braunschattierung, irgendwo von Mahagoni über Sandfarben bis zu Ingwer (rötlichgelb).

FALB (FAWN): (eine aufgelichtete Braunfarbe). Bei Geburt Beige. Diese Hunde haben ein helleres Farbpigment als die Braunen, ihre Augen sind im allgemeinen eher gelb/braun. Ich kenne aber einige Falbe mit hübschen, dunkelbraunen Augen und kräftigem Pigment. Falbe tendieren dazu, in der Fellfarbe deutlich zu verblassen. Mit einem Jahr kann es schwierig sein, zwischen der Grundkörperfarbe und den weißen Markierungen zu unterscheiden. Mit der Zeit dunkelt die Körperfarbe leicht nach, bleibt aber immer eine sandige Cremefarbe.

Braun: Bei Geburt Schokoladenbraun kann das Erwachsenenfell jede Schattierung von Braun, von Mahagonifarben bis Ingwer zeigen.

Wie *Schiefergraue* und *Blaue* kann man auch *Braune* und *Falbe* verwechseln. Am besten kontrolliert man das Nasenpigment, um zu bestimmen, ob der Beardie bei Geburt *Braun* oder *Falb* war. Dreifarbige Abzeichen sind bei jeder dieser vier Grundfarben zulässig. Dies können Abzeichen im Bereich der Augenbrauen sein, an der Innenseite der Ohren, auf den Wangen, unter der Rutenwurzel und an den Läufen da, wo die weißen Markierungen und die Grundfarbe zusammentreffen. Ein Bearded Collie kann ein Minimum weißer Collieabzeichen

Falb: Beige geboren entwickelt sich beim erwachsenen Hund eine Sand/Cremefarbe.

haben, trotzdem korrekt markiert sein. Aber zuviel Weiß könnte als Fehlfarbe angesehen werden.

Wenn Du Dir Deinen Beardie nur als Familienhund wünschst oder gerne mit ihm in Unterordnung oder Agility arbeitest, spielt es keine Rolle, ob seine Markierungen ideal sind oder nicht. Wenn Du jedoch ausstellen oder züchten möchtest, sollten bei der Welpenwahl Farbe und Markierungen doch Berücksichtigung finden.

AUSWAHL AUS DEM WURF

Solange die Welpen nicht etwa vier Wochen alt sind, mag ich nicht zu viele Besuche. Bis zu diesem Alter können sie selbst fressen, stehen auf eigenen Läufen, und ihr Charakter beginnt sich zu entwickeln. Auch die Hündin hat einige friedliche und ruhige Wochen verdient, um ihre kostbaren Welpen aufzuziehen. Wenn Du Dir den Wurf ansiehst, sollte die Mutter immer sauber, gut gepflegt und in guter Verfassung sein. Die Welpen müssen sauber riechen, frei sein von Floh- und Läusebefall. Erforderlich sind saubere Ohren und Hinterteile, auch die Krallen sollten gekürzt sein. Bereits mit vier bis fünf Wochen sollten Welpen bereits zweimal entwurmt sein und hübsch, gedrungen, substanzvoll aussehen. Vorsichtig hochgenommen müssen sie sich fest anfühlen. Ein leichter Welpe mit aufgeblähtem Bauch ist hochgradig wurmverdächtig.

Hat der erfahrene Züchter erst einmal viele Stunden mit seinen Welpen verbracht, sollte er in der Lage sein, die einzelnen Charaktere zu beurteilen,

Beobachte die spielenden Welpen. Das verrät Dir eine ganze Menge über ihre Charaktere und die Rangordnung im Wurf.

behilflich sein, den richtigen Welpen auszuwählen. Der ideale Welpe zeigt ein etwa in der Mitte angesiedeltes Wesen, ist keinesfalls zu scheu, aber auch nicht zu bossig, gewinnt mühelos alle Sympathien. Etwa mit sieben Wochen läßt sich das Wesen von Welpen überprüfen, man stelle ihnen eine Testaufgabe. Ich selbst habe viele derartige Tests durchgeführt, dabei aber nichts entdeckt, was ich nicht schon vorher wußte, weil ich viel Zeit mit meinen Welpen verbrachte und jeden einzelnen persönlich kannte.

Sehr oft habe ich erlebt, daß ein Welpe seinen Besitzer selbst auswählt,

häufiger als anders herum. Ich versuche immer mein bestes, um sicherzustellen, daß künftige Besitzer den Welpen erhalten, in den sie sich verlieben - und daß der Welpe in einer Familie leben darf, die auch ihm auf Anhieb gefällt. Dann besteht auch die Hoffnung, daß alle viele glückliche Jahre zusammenleben. Laß aber nie Dein Herz anstelle des Kopfs entscheiden. Hast Du den Eindruck, daß in dem besichtigten Wurf für Dich nicht der richtige Welpe liegt, bewahre die Geduld, bis Du den richtigen findest - möglicherweise bei einem anderen Züchter. Hast Du Dir einen Welpen fest vorbestellt, lebst nahe beim Züchter, ist es oft möglich, die Welpen mehrfach zu besuchen, ehe sie abgegeben werden. Dies ist sehr empfehlenswert.

Widerstehe der Versuchung, zwei Welpen gleichzeitig zu kaufen, denn dies macht die Erziehung sehr schwierig.

Nie ist es vernünftig, gleichzeitig zwei Welpen zu kaufen, dies erschwert die richtige Erziehung beträchtlich. Möchte man einen zweiten Beardie kaufen, um dem ersten Gesellschaft zu leisten, sollte man immer warten, bis der erste 12 bis 18 Monate alt ist. Dann sind mögliche Risiken und Probleme zu erkennen, das macht Aufzucht und Erziehung des zweiten Welpen viel einfacher. Du wirst auch feststellen, daß der erste Hund bei der Erziehung des zweiten hilft - beispielsweise beim Heranrufen des älteren folgt der jüngere dicht auf seinen Fersen. Er lernt dadurch schnell den Sinn des Kommandos *Hier*. Bearded Collies machen Menschen süchtig, die meisten Besitzer haben bald zumindest zwei im Haus. Du solltest Dir keinen Welpen ins Haus holen, wenn sich gerade die menschliche Familie erweitert. Es bringt viel zu viel Arbeit mit sich, gleichzeitig ein neues Baby und einen jungen Hund großzuziehen. Die Arbeitsbelastung und Aufmerksamkeit, die man zur Aufzucht jedes einzelnen braucht, ist leichter, wenn eine Lücke von etwa 18 Monaten geplant wird, wer immer zuerst kommt.

ÄLTERE HUNDE

Anstelle einen Welpen zu kaufen, könntest Du auch durchaus einen erwachsenen Hund in Erwägung ziehen, der ein neues Zuhause braucht. Manche Züchter ziehen aus einem Wurf zwei Welpen auf, entscheiden sich später, welchen sie behalten möchten. Zuweilen suchen sie dann ein gutes Haus, geben einen Hund zwischen 6 und 18 Monaten weiter. In diesem Alter ist der Hund noch jung, aber kein Welpe mehr, auch der Zahnwechsel ist abgeschlossen. Empfehlenswert ist ein Kontakt mit dem Rettungssystem der Rasse (näheres erfährt man beim Zuchtverein). Manchmal wartet hier ein Beardie auf ein freundliches, liebendes Zuhause, das er ohne eigene Schuld verloren hat.

VORBEREITUNGEN

Wenn Du Deinen Welpen fest bestellt hast, dauert es meistens noch einige Wochen, bis er zur Abgabe bereit ist, in die neue Familie kommt. Nutze diese Zeit, bereite die Ankunft vor, trage die notwendige Ausrüstung zusammen, Lager, Spielzeug und Futter, alles, was der Welpe braucht.

Wird in Deiner Nachbarschaft eine große Hundeausstellung veranstaltet, findest Du hier Verkaufsstände, die praktisch alles für den Hund verkaufen. Besuche eine solche Ausstellung am besten vor Ankunft des Welpen, das bereitet nicht nur einen unterhaltsamen Tag für Dich und Deine Familie, bei dieser Gelegenheit kannst Du alles kaufen, was Du brauchst.

HALSBAND UND LEINE

Für Hunde gibt es verschiedene Typen von Halsbändern und Leinen. Denke daran, Dein Beardie ist nur mit Halsband und Leine sicher festzuhalten. Beide müssen gut gepflegt werden, richtig passen. Regelmäßige Kontrolle an Verschluß, Befestigungsring und Naht sind notwendig. Zeigen sich Abnutzungserscheinungen, sollten sie schnell ausgewechselt werden.

Richtig ist immer ein flaches oder rundgenähtes Halsband von guter Qualität, ausgestattet mit kräftigem Verschluß und Ring aus Metall. Das Halsband darf weder zu eng noch zu lose sitzen, im letzteren Fall könnte bei Erschrecken der Hund nach rückwärts ziehen und sich aus dem Halsband winden. Kaufe immer eine Lederleine in der Länge, die Dir gefällt. Ich persönlich bevorzuge eine längere Leine. Wenn ich mit meinen Beardies jogge, laufen sie so weit vor mir, daß meine Füße ihre Pfoten nicht berühren, wir dadurch keine Probleme haben.

WELPENHALSBAND UND LEINE

Für Welpen empfehle ich den Kauf eines gewebten Nylonhalsbandes. Dieses ist weich mit einem Metallverschluß, dessen Spitze man durch das Nylongewebe an jedem Punkt des Halsbandes durchstecken kann. Dadurch sitzt das

Halsband bequem am Welpenhals, ist weder zu locker noch zu eng. Gerade während der Wochen, in denen die Junghunde schnell heranwachsen, sind solche Halsbänder besonders praktisch. Anfänglich sollte der Welpe das Halsband täglich über kurze Zeit tragen, sich an das Gefühl gewöhnen. Passend zum Halsband kann man auch eine Nylonleine kaufen.

IDENTIFIKATION

Nach dem Gesetz dürfen Hunde in der Öffentlichkeit nicht frei laufen, ohne daß sie zu identifizieren sind. Ich befestige die Hundemarke an dem Lederhalsband meiner Beardies, das sie immer tragen, wenn sie frei laufen. Auf einer Seite der Hundemarke ist mein Nachname eingraviert, auf der anderen meine Telefonnummer, zusätzlich noch meine Handynummer. Geht einmal einer meiner Hunde verloren und ich suche ihn, hat der Finder eine viel bessere Chance, mit mir Kontakt aufzunehmen.

Achte immer darauf, daß Deine Hunde ein Halsband mit Identifikationsmarke tragen, wenn Du sie im Auto mitnimmst. Passiert ein Unfall, könnte der Hund aus dem Auto entweichen, vor Schreck weit weglaufen. Möglich sind auch Tätowierung oder ein Identifikationschip, der unter die Hundehaut implantiert wird. Hierüber solltest Du Dich mit Deinem Tierarzt absprechen.

SPIELZEUG

Es gibt heute eigens für Hunde entwickelte vorzügliche Spielsachen. Am besten kaufst Du eine ganze Auswahl, mit der sich Dein Junghund abwechselnd beschäftigen, vor allen Dingen auch daran kauen kann. Spielzeug mit eingebautem Quietscher wird häufig lästig, insbesondere, wenn es in der Familie noch einen zweiten Hund gibt. Man kann den Quietscher aber leicht entfernen und der Welpe danach weiterspielen. Spielbälle müssen zumindest von Tennisballgröße sein, möglichst größer. Kleinere Bälle könnten sich in der Kehle verfangen, in schlimmen Fällen sogar zum Erstickungstod führen.

Zum richtigen Zubehör gehören Spielzeug, Kauknochen, Wasserschüssel aus Keramik und Futterschüssel aus Stahl.

FUTTERSCHÜSSEL

Nach meiner Erfahrung sind Futterschüsseln aus rostfreiem Stahl optimal. Sie sind robust, dauerhaft, leicht zu reinigen und zu sterilisieren.

WASSERSCHÜSSEL

Bei der Auswahl zwischen Plastik, rostfreiem Stahl oder Keramik entscheiden sich meine Hunde immer für die Keramikschüssel. Vielleicht nimmt das Wasser in den anderen Schüsseln den Geschmack von Plastik oder Stahl an? So wähle ich - der Sicherheit halber - für das Trinkwasser meiner Hunde eine Keramikschüssel. Achte darauf, daß Dein Hund immer Zugang zu frischem Wasser hat, daß zumindest zweimal täglich das Wasser in der Schüssel ausgewechselt wird.

Auf Reisen habe ich in meinem Auto immer eine abdeckbare Wasserschüssel dabei, aus Plastik hergestellt. Man erhält diese Schüsseln auf Hundeausstellungen und beim guten Zoofachhandel.

Nützlicher Rat: *Wenn Dein Hund gerne in seiner Wasserschüssel planscht, solltest Du seine Schüssel - mit Wasser gefüllt - in eine leere Waschschüssel aus Plastik stellen. Versucht er weiter zu planschen, fließt das Wasser in die Außenschüssel, nicht über den ganzen Boden. Junghunde wachsen in der Regel aus diesen Gewohnheiten heraus!*

FELLPFLEGE

Für einen Bearded Collie brauchst Du Bürsten und Kämme, um sein Fell in Ordnung zu halten. Die Ausstattung im einzelnen und Hinweise über die Pflege findest Du in Kapitel 6.

HUNDELAGER

Feste Plastikschalen in Form eines Hundekörbchens sind ideal. Sie lassen sich leicht reinigen, einige haben im Boden Luftlöcher, so daß die Einlage nicht schwitzt, falls Dein Hund manchmal etwas feucht geworden ist. Kaufe immer eine Plastikschale groß genug für den ausgewachsenen Beardie. Die Grundfläche sollte 85 cm lang, oben gemessen 95 cm lang sein. Anfänglich wirkt Dein Welpe darin ziemlich verloren, ist aber recht schnell hineingewachsen.

Schaumbetten werden mit waschbarem Material überzogen, es gibt sie

Es gibt ein breites Angebot an Hundelagern. Am praktischsten erweist sich das feste Plastikbett, wie in der Mitte abgebildet.

auch in der Form eines Hundekorbs. Ein solches Lager solltest Du nicht früher als nach dem Zahnwechsel Deines Welpen investieren, andernfalls könnte es nicht alt werden. Diese Lager sind zum Mitnehmen auf Reisen ideal, man kann sie in einer Ecke des Autos zusammenrollen, sie auch auf der Ladefläche unterbringen, wo der Hund während der Reise schlafen kann - meine Beardies lieben dies sehr. Bei der Ankunft nimmt man das Bett ins Haus oder ins Hotel. Sofort erkennen meine Hunde, daß wir hier bleiben, gewöhnen sich schnell ein. Wird das Bett wieder ins Auto gestellt, ist dies das Signal für den Hund, daß wir bald wieder abreisen. Achte unbedingt darauf, daß dieses Lager immer zugfrei aufgestellt wird.

EINLAGEN

Im allgemeinen benutzt man für das Hundelager Tücher als Einlagen. Die Lieblingseinlagen für Hunde heute werden aus Kunststoff hergestellt, sie sehen aus wie Schafsfell, sind beim Berühren weich, dick und warm. Sie haben einen gewebten Rücken, sind waschbar, robust und es gibt sie in verschiedenen Farben. Jede Feuchtigkeit dringt durch den Stoff, so daß der Hund warm, kuschelig und trocken liegt. Diese Einlagen sind für Hunde jeden Alters ideal. Man findet sie unter verschiedenen Herstellernamen - beispielsweise Vetbed - Qualität und Preise sind entsprechend der Marke. Heute ziehen die meisten Züchter ihre Welpen auf solchen Einlagen auf, am besten fragt man bei der Besichtigung des Wurfes danach.

KLAPPKÄFIGE

Faltbare Drahtkäfige werden immer populärer. Es sind sehr nützliche Ausrüstungsgegenstände, eine gute Investition. Man achte auf entsprechende Qualität, dann halten diese Käfige auf Jahre. Kaufe einen Käfig für einen erwachsenen Beardie groß genug, in dem er liegen oder sitzen kann, auch bequem steht. Man erhält sie entweder mit Vorder- oder Seitentür, je nach den eigenen Wünschen. In der Regel haben sie auch eine Plastikschale, die zum Boden paßt. Man kann Käfige nicht nur zu Hause einsetzen, sie lassen sich auch für den Transport flach

Klappkäfige haben sich als außerordentlich nützlich erwiesen.

zusammenfalten, überall mit hinnehmen.

Ein solcher Klappkäfig hat vielerlei Verwendungsmöglichkeiten. Man achte aber darauf, daß man nie einen Beardie längere Zeiten darin halten darf, man den Käfig auch keinesfalls zur Verbannung nach der Bestrafung wählt. Der Käfig macht ganz einfach das Leben etwas leichter, zugunsten von Hund wie Besitzer. Richtig verwendet hat Dein Beardie in diesem Käfig nur angenehme Gefühle. Er betrachtet ihn als seine *Höhle,* als sicheren Hafen. Mit der Zeit wirst Du feststellen, daß auch wenn die Käfigtür immer offen bleibt, der Hund sich dahin zurückzieht, wann immer er seine Ruhe haben möchte. Im Käfig findet er Ruhe und Frieden. Hier kann er ungestört schlafen, ohne jemand unter die Füße zu geraten, hat seine Bequemlichkeit. Natürlich braucht der Hund im Käfig auch immer eine kuschelige Einlage.

TREPPENGITTER

Ursprünglich sind solche Gitter zur Sicherheit für Krabbelkinder entwickelt worden, sie können aber auch für den Hundebesitzer zu einem wertvollen Zubehör werden. Ein solches Gitter kann man einsetzen, um den Welpen oder Junghund auf irgendein Zimmer einzuschränken, auch um ihn daran zu hindern, die Treppen nach oben zu laufen. Solange der Welpe noch sehr klein ist, er versehentlich mit dem Kopf zwischen den Stangen stecken bleiben könnte, sollte man das Tor mit Maschendraht überziehen. Ein Steckenbleiben würde den Welpen sehr erschrecken, manchmal ist es sogar schwierig, ihn wieder daraus zu befreien.

Ausgewachsene Hunde springen leicht über solche Gitter, selbst wenn man sie für einige Zeit in einem Zimmer halten möchte, weil sie beispielsweise gerade nasse Pfoten haben. In solchen Fällen kann es vernünftig sein, insbesondere an der Tür zwischen Küche und Arbeitszimmer, anstelle des Gitters ein Eisentor in voller Höhe einzubauen. Auf diese Art kann der Hund Dich zwar immer sehen, aber nicht überspringen oder solange an der Tür kratzen, bis geöffnet wird. Achte darauf, daß ein solches Eisentor keine Verzierungen hat, in denen sich Dein Beardie verfangen könnte. Du solltest ihm dann auch kein Halsband anziehen, damit er sich nicht möglicherweise an einem Haken in der Torkonstruktion aufhängt.

DER GARTEN

Du mußt Dich vergewissern, daß für Deinen Beardie der Garten immer zum sicheren Aufenthalt wird, in dem er viele glückliche Stunden verbringen kann. Hierfür brauchst Du eine sichere Einzäunung, mindestens 180 cm hoch. Beardies sind sehr beweglich, können, wenn sie wollen, ziemlich hoch springen. Achte darauf, daß auch die Türen hoch genug sind, mit Riegeln ausgestattet, die für Beardies sicher sind. Es wäre vernünftig, im Garten einen gepflasterten, eingezäunten Bereich zu haben, besonders in den Wintermonaten. Auf diese Art kommt Dein Beardie nicht gerade zur Schlafenszeit naß und mit Schmutz überzogen aus dem Garten zurück. Beseitige im Garten jeglichen Hundekot, zumindest einmal täglich, entsorge ihn auf angemessene Weise.

Zur Hundehaltung braucht man nicht zwingend einen großen Garten, vorausgesetzt der Hund hat täglich seinen freien Auslauf. Besitzt Du nur einen kleinen Garten, der teilweise gepflastert ist, achte darauf, daß es zumindest eine oder zwei Stellen mit Wollgras oder ähnlichem Bewuchs gibt, an dem Dein Beardie knabbern kann, wenn er das Bedürfnis hat. Hunde lieben es, hier und da als Hilfe für ihr Verdauungssystem Gras zu fressen, erbrechen nach dem Grasfressen häufig, eine völlig natürliche Reaktion. Ich habe mehrere Hunde gekannt, die das Fell von ihren eigenen Läufen gefressen hatten, um erbrechen zu können, weil für sie nun einmal kein Gras verfügbar war.

SWIMMING POOLS

Weder Haushunde noch die Kinder dürfen unüberwacht Zugang zum Swimmingpool haben. Wenn ein Hund in einen Pool springt oder fällt, der nur eine Stahlleiter besitzt, an der Menschen ein- und ausklettern, könnte er möglicherweise vor Erschöpfung sterben, während er immer wieder versucht, sich an den Leiterstufen hochzuziehen.

Auch ein Swimming Pool mit Plastikabdeckung kann für den Hund zur Todesfalle werden. Er weiß nicht, daß der Boden nicht fest ist, glaubt, er könnte darüber laufen. Manchmal gibt das Plastik dem Gewicht nach, der Hund sinkt ins Wasser und wird unter Wasser festgehalten. Eine äußerst gefährliche Einrichtung!

3 Betreuung des Junghundes

Endlich ist der große Tag gekommen, die Zeit, den Welpen abzuholen. Nach Möglichkeit solltest Du immer einen Freund oder ein Familienmitglied als Hilfe mitnehmen. Züchter von gutem Ruf geben Dir einen Futterplan mit, Ratschläge über die Pflege, etwas vorbereitetes Futter, das Du zu Hause direkt verwenden kannst. Es ist ein aufregender Tag. Vielleicht erinnerst Du Dich jetzt nicht an alles, was man Dir sagt, mach Dir deshalb Notizen oder achte darauf, daß Du vom Züchter ein Informationsblatt erhältst, das die Fragen beantwortet, die Du zur Aufzucht Deines Welpen wissen mußt.

Du solltest Welpenhalsband und Leine mitnehmen, zwei Tücher, Küchenpapier, Plastikbeutel, Wasser und eine Schüssel.

DIE REISE

Wenn ich weiß, daß der Welpe mit dem Auto abgeholt wird, gebe ich ihm am Reisetag wenig Futter, vielleicht auch gar keines, je nach der Tageszeit, zu der er abgeholt wird. Hoffentlich wird der Welpe nicht reisekrank. Gerade in diesen ersten Tagen muß man Vorkehrungen treffen, nach Möglichkeit Übelkeit beim Autofahren vermeiden. Der Welpe sollte nach meiner Erfahrung im Auto vorn sitzen, auf dem Schoß eines Mitfahrers. Am besten plaziert man ihn auf einem Tuch für den Fall eines *Mißgeschicks.* Sorge für richtige Belüftung, der Hund sollte so viel frische Luft wie möglich haben.

Auf einer längeren Reise muß man wahrscheinlich zwischendurch anhalten, damit sich der Welpe lösen kann und etwas zu trinken bekommt. Hierfür sollte man sich immer eine abgelegene Stelle suchen. Verkehrslärm könnte den Welpen stören, trotz Schutzimpfung beim Züchter ist der Impfschutz noch nicht voll wirksam, deshalb darf man auch mit ihm nirgends spazieren gehen, wo andere Hunde schon waren. Auch wenn der Welpe an Halsband und Leine noch nicht gewöhnt ist, muß sie angelegt werden, so daß er keinesfalls weglaufen kann, wenn man ihn zum Lösen kurz auf den Boden setzt. Wenn Du einen Kombi besitzt, könntest Du dem Welpen im Gepäckraum eine Wasserschüssel mit etwas Wasser anbieten, nach kurzer Unterbrechung dann die Reise fortsetzen. Bei der Weiterfahrt kommt er wieder auf den Schoß des Beifahrers.

Hat der Junghund zunächst auf dem Schoß das Autofahren kennengelernt, kann man ihn bei späteren Fahrten auf den Rücksitz zu anderen Mitfahrern geben, die ihm bei Bedarf Mut zusprechen. Im Grundsatz verlangt es die Sicherheit im Verkehr, daß Hunde beim Autofahren angeschnallt werden, sie könnten sonst für sich und die Mitfahrer zum Risiko werden. Am optimalsten ist der Hundetransport im Kombi mit festem Zwischenteil, nach Möglichkeit wird dabei der Hund in einem festen, ausbruchsicheren Käfig untergebracht. Dies alles muß man nach und nach dem Hund beibringen. Manchmal dauert es wenige Wochen, manchmal Monate, bis der Hund das Reisen gelernt hat und am richtigen Platz untergebracht ist.

Nützlicher Rat: *Hunde sollte man möglichst so früh am Tage abholen, daß man noch bei Tageslicht zurückkommt, der Hund Gelegenheit hat, seine neue Umwelt kennenzulernen. Es ist wichtig, daß er noch etwas spielen und sich umschauen kann, ehe er für die erste Nacht sein neues Lager bezieht.*

ANKUNFT IM NEUEN ZUHAUSE

Bei der Ankunft sollte man immer versuchen, die übersprudelnde Freude der Familie etwas zu dämpfen. Der Welpe hat gerade erst seine Mutter und seine Wurfgeschwister verlassen, all seine Umwelt, die er seit Geburt kannte, ist verschwunden, dadurch fühlt er sich verunsichert. Die Zeit ist gekommen, wo er auf seinen eigenen vier wuscheligen Pfoten die große weite Welt erobert. Hierfür muß er sehr viel lernen! Laß als erstes Deinen Welpen in den Garten, so daß er sich nach der Reise die Beine vertreten kann und sich löst. Wichtig ist es, daß er dabei von dem selben Menschen begleitet wird, der ihn auch bei der Reise betreute. Das gibt ihm Rückhalt, wenn er die neue Umwelt erforscht. Am besten bringt man den Welpen in den Gartenbereich, wo er auch künftig seine Toilette findet, ermuntert ihn, sich dort zu lösen.

Nach der ersten Begegnung mit seiner Familie - einschließlich der anderen

Bei der ersten Ankunft zu Hause sind die meisten Hunde etwas verstört.

Hunde und Katzen - sollte man mit dem Welpen etwas spielen, ihn seine neue Umwelt erforschen lassen. Gib ihm dann eine Mahlzeit, auch etwas zu trinken, laß ihn nochmals nach draußen in den Garten, um sich möglichst zu lösen. Dann bringt man ihn in einen ruhigen Teil des Hauses, der für ihn vorbereitet ist. In diesem Bereich findet er sein Lager, behagliche Einlagen, eine Wasserschüssel, ein oder zwei passende Spielsachen, einige Schichten Zeitungspapier, die für *kleine Unglücke* auf dem Boden verteilt sind. Wenn mich Welpenkäufer vor der endgültigen Abholung besuchen, um mit ihrem Welpen zu spielen, rate ich ihnen, ein Tuch mitzubringen, das ich in das Welpenlager lege. Dieses trägt dann den Geruch der Wurfgeschwister, der gewohnten Umwelt, bringt dem Welpen vertraute Gerüche in sein neues Zuhause. Dieses Tuch sollte man dann ins Welpenbett legen, es hilft ihm sich einzugewöhnen. Jetzt muß der Welpe aber ruhen. Alle Welpen brauchen über die ersten Monate sehr viel Schlaf. Achte immer darauf, daß nach tüchtigem Spiel und Sozialisierung innerhalb der Familie der Junghund Gelegenheit hat, sich für ein Schläfchen in sein Lager zurückziehen. Keinesfalls darf man Kindern gestatten, laufend den Welpen *zu betreuen.* Tun sie es doch, führt dies mit großer Wahrscheinlichkeit zu einem schnappigen, übelgelaunten Hund. Es liegt in Deiner Verantwortung, von Beginn an genügend Erziehungszeit für Kinder wie Hunde zu haben, dadurch lernen sie sich zu benehmen und sich gegenseitig zu respektieren. Nie dürfen kleine Kinder mit dem Welpen unbeaufsichtigt sein. Es könnten Unfälle passieren, bist Du zur Überwachung nicht zugegen, weist Du nie, was tatsächlich passiert ist.

Laß Deinen Welpen in Ruhe den Garten erforschen.

DIE ERSTE NACHT

Im allgemeinen ist die erste Nacht für den Welpen im neuen Zuhause seine schlimmste. Versuche dies aus seiner Sicht zu sehen. Er vermißt die Gesellschaft und Behaglichkeit von Mutter und Wurfgeschwistern. Er befindet sich in einer völlig fremden Umgebung - bei Menschen, die er noch nicht kennt. So ist es leicht verständlich, daß er sich unsicher fühlt. Mach es ihm bequem, so gemütlich wie möglich.

Nach dem Abendessen geht es erneut hinaus zum Löseplatz, dann noch einiges Spiel, danach kommt er in sein Lager, in dem schon das Tuch mit dem Geruch seiner Wurfgeschwister liegt. Du kannst ihm auch noch etwas Spielzeug geben. Vielleicht läßt Du leise das Radio spielen, damit es ihm Gesellschaft leistet. Wenn der Welpe wimmert, solltest Du ihn wissen lassen, daß Du in der Nähe bist, so daß er sich in der großen weiten Welt nicht so völlig verlassen fühlt. Das bedeutet manchmal, mehrfach die Nacht über aufzustehen und ihn zu trösten. Wichtig ist, ihn danach wieder alleine zu lassen, ins Bett zurückzukehren. Bald lernt er die neue Routine und steht am folgenden Morgen in den Startlöchern. Sein ganzes Gesicht leuchtet vor freudiger Erwartung, was nun geschieht.

WELPENFÜTTERUNG

In aller Regel erhält man vom Züchter einen genauen Ernährungsplan und etwas Futter zumindest für die ersten paar Mahlzeiten. Am besten behält man die Nahrung bei, die der Züchter empfiehlt. Möchte man später wechseln, sollte dies nach und nach erfolgen. Mische dabei etwas von dem neuen Futter in jede Mahlzeit, vergrößere diese Menge über zwei bis drei Tage, bis die Umstellung abgeschlossen ist.

Anfänglich wird Dein acht Wochen alter Welpe vier Mahlzeiten täglich fordern, 8.00 Uhr, 12.00 Uhr, 16.00 Uhr und 20.00 Uhr. Mit zwölf Wochen wird die 16.00 Uhr Mahlzeit gestrichen, mit sechs Monaten auch die Mittagsmahlzeit. Möchtest Du später auf einmal tägliches Füttern umstellen, kann dies so etwa ab einem Jahr erfolgen.

Obwohl nach und nach die Anzahl der Mahlzeiten für den Welpen mit dem Alter verringert wird, vergrößert sich parallel dazu bei jeder Mahlzeit die Futtermenge. Dies gilt besonders für die starken Wachstumsphasen in dieser Zeit. Im Alter von 18 Monaten sollte der Hund dann normales Erwachsenenfutter erhalten.

SCHUTZIMPFUNGEN

In den meisten Ländern werden Hunde routinemäßig gegen Staupe, Parvovirose, Hundehepatitis und Leptospirose geimpft, zuweilen auch gegen Zwingerhusten. Viele Länder verlangen regelmäßige Tollwutschutzimpfung. In der Regel ist die Grundimpfung schon vor Abgabe der Welpen beim Züchter erfolgt, näheres hierzu erfährt man aus dem Impfpaß. Am besten fragt man anhand dieser Unterlagen seinen eigenen Tierarzt, was noch notwendig ist.

Anfangs wird Deinem Welpen bei der Mahlzeit die Rivalität seiner Wurfgeschwister fehlen.

Vorsicht - solange der Impfschutz nicht gewährleistet ist, sollte der Welpe nicht mit fremden Hunden zusammenkommen, die Infektionsgefahr ist zu groß. In aller Regel sollte aber im Alter von zwölf Wochen der gesamte Impfprozeß - mit Ausnahme der Tollwutimpfung - abgeschlossen sein. Beachte die Ratschläge Deines Tierarztes!

Zwingerhusten ist sehr ansteckend, kann für Junghunde wie ältere Hunde gefährlich sein. Insbesondere wenn ein Hund vorübergehend in einer Hundepension untergebracht werden muß, sollte er rechtzeitig gegen Zwingerhusten geimpft werden.

ENTWURMUNG

Alle Welpen müssen auf Spulwürmer behandelt werden. Der Behandlungsbeginn liegt immer beim Züchter, von ihm erfährt man, wann die nächste Entwurmung erfolgen muß. Am besten fragt man zum Zeitpunkt der Schutzimpfung beim Tierarzt, wie die Entwurmung fortgesetzt werden soll.

STUBENREINHEIT

Erziehung zur Stubenreinheit erfordert einiges an Geduld und Wachsamkeit. Je mehr Zeit Du für diese Erziehung opferst, um so schneller wirst Du belohnt. Diese Erziehung fällt im Frühjahr und Sommer viel leichter, da man gewöhnlich die Tür zum Garten über den ganzen Tag offenlassen kann. Am besten wäre es natürlich, wenn der Welpe bald von sich aus seinen Weg nach draußen einschlägt, wenn Du nicht aufmerksam genug warst um zu merken, daß er nach draußen muß.

Denke immer daran, sobald der Welpe aufwacht, nach jeder Mahlzeit - sollte er sofort nach draußen gebracht werden. Bring ihn immer an dieselbe Stelle zum vorbestimmten *Hundeklo,* sage ihm *Bächlein machen* oder welches Kommando Du immer hiermit

Ist der Welpe etwas älter geworden, nimm ihn mit auf kurze Ausflüge, zu Besuch bei Freunden. - Zweibeinigen und Vierbeinigen!

Bis zum Abschluß des Impfschutzes muß der Spaziergang Deines Welpen auf den Garten beschränkt bleiben.

verbinden möchtest. Ist der erwünschte Erfolg eingetreten, solltest Du dieses Wort noch ein- oder zweimal wiederholen, insbesondere aber den Welpen tüchtig loben. Bald lernt der Junghund, das Kommando mit dem erwünschten Verhalten zu verbinden.

Beim Stubenreinmachen des Welpen ist ein Prinzip wichtig - Welpen wie ältere Hunde verunreinigen äusserst ungern ihr eigenes Lager, entfernen sich zum Lösen in andere Bereiche. Erfahrene Ausbilder empfehlen aus diesem Grunde nachhaltig einen Klappkäfig als wesentliche Erziehungshilfe, die schnell zur Stubenreinheit führt.

Wichtig ist, daß sich der Welpe in seinem Käfig behaglich fühlt, er für ihn zu einer Art Höhle wird, in die er sich jederzeit zurückziehen kann. Es bedarf schon einiger Tage der Aufmerksamkeit. Beim Aufwachen muß der Welpe aus seinem Käfig geholt und zum Löseplatz in den Garten gebracht, dort nach dem Lösen tüchtig belohnt werden. Dafür braucht man gar nicht immer Futterbelohnungen, Spiel und Freundlichkeit reichen durchaus. Bei intelligenten Welpen macht man sehr schnell die Erfahrung, daß sie von sich aus beim Aufwachen an der Käfigtür kratzen und nach draußen möchten. Ein außerordentlich wichtiger Schritt zur Stubenreinheit. Weniger günstig ist es, dem Welpen das sich Lösen auf Zeitungspapier beizubringen, vor einigen Jahren verbreiteter Brauch. Es besteht immer die Gefahr, daß dadurch die Gewöhnung an den Gartenplatz sehr viel länger dauert, dem Hund das Unrechtsgefühl fehlt, wenn er sich im Haus löst. In diesem Zusammenhang eine ganz wichtige Anmerkung! Bei der Erziehung zur Stubenreinheit *gibt es keine Strafen!* Zum Erfolg führen Loben und Loben und Loben - konzentrierte Aufmerksamkeit des Hundebesitzers! Kommt es dabei zu einem *kleinen Unglück*, dann ist allein der Besitzer schuld, nie der Hund! Jedes Strafen oder gar *die Nase hineinreiben* wäre sinnlose Tierquälerei, reagiert nur den Ärger über eigenes Versagen des Menschen ab.

Die Zeit hilft bei der Erziehung zur Stubenreinheit, denn mit zunehmendem Alter gewinnt der Junghund auch immer mehr Kontrolle über Darm und Blase, muß sich nicht mehr so häufig lösen.

AUSLAUF

Überfordere Deinen Welpen nicht! Während seine Knochen und Bänder noch weich sind, sich entwickeln, muß sein Bewegungsbedürfnis nach und nach aufgebaut werden. Freier Auslauf in einem sicher eingezäunten Garten von guter Größe ist innerhalb der ersten vier Monate seines Lebens alles, was ein Junghund braucht. Gestatte auch nicht, daß die Kinder den Welpen ermüden - Auslauf und Spiel sind wichtig, ebenso wichtig aber auch der regelmäßige Schlaf!

Ehe Du mit Deinem Junghund echte Spaziergänge unternimmst, solltest Du *Sozialisierungsbesuche* machen, Familienmitglieder und Freunde besuchen, die einen gut eingezäunten Garten besitzen, wo der Junghund spielen und eine neue Umwelt erforschen kann. Wichtig ist auch, ihn früh an Verkehrslärm zu gewöhnen. *Langsam aber sicher* lautet das Motto - Du darfst ihn nicht überfordern, erwarten, daß er gleichzeitig viele neue Erfahrungen verkraftet. Junge Hunde dürfen keinesfalls aus dem Kombi heraus auf den Boden springen, sie könnten sich dabei ernsthaft Gelenke und Bänder verletzen. Junge Hunde werden immer aus dem Auto gehoben.

Ab fünf Monaten kannst Du mit Deinem Junghund angeleint täglich kurze Spaziergänge unternehmen. Denke daran, wenn Du die Leine anlegst, daß Du allein bestimmst, wieviel Auslauf Dein Junghund hat. Ihm bleibt keine Alternative als mit Dir zu gehen. In diesem Stadium darfst Du keinesfalls den Hund überfordern. Mit weiterem Heranwachsen kannst Du die Spaziergänge langsam ausdehnen, in der Entfernung wie in der Zeit.

ERLAUBT UND VERBOTEN

Verboten ist Stöcke zu werfen. Wenn ein Stock wie eine Lanze in den Boden eindringt, sich der Hund mit großer Geschwindigkeit zum Apportieren nachstürzt, besteht die große Gefahr, daß sich das aus dem Boden herausragen-

Baue eine klare Tagesroutine auf. Schnell gewöhnt sich der Junghund daran, wird zum festen Familienmitglied.

de Ende in den Gaumen des Hundes spießt, schwere Verletzung verursacht.

Verboten ist, dem Hund einen Tannenzapfen zuzuwerfen oder zu geben, er könnte in der Kehle steckenbleiben. Wird er dabei feucht, öffnet er sich weiter, bleibt hängen und könnte den Hund ersticken.

Erlaubt ist das Werfen eines Gummirings, eines Balls von richtiger Größe oder eines verknoteten Tuchs, damit der Hund es apportieren kann.

Verboten ist, dem Hund splitternde Knochen zu geben. Dicke Markknochen sind für seine Zähne vorzüglich, helfen sein Gebiß sauber zu halten, auch beim erwachsenen Hund. Entscheidend ist aber, Sicherheit kommt immer zuerst. Gestattet sind nur dicke Markknochen, die nicht splittern.

Erlaubt sind sterilisierte, geräucherte oder eigens präparierte Knochen vom Zoofachgeschäft. Empfohlen sind frische Markknochen von der Metzgerei. Diese können roh oder gekocht verfüttert werden. Knochenmark kann aber bei einigen Hunden Magenstörungen auslösen. Im allgemeinen nehme ich es heraus, ehe ich die Knochen den Hunden gebe. Beginnt ein Knochen irgendwo zu splittern, wird er sofort weggenommen.

Verboten sind alte Schuhe oder Schlappen für den Hund. Du kannst nicht erwarten, daß er den Unterschied erkennt zwischen Deinen neuen, teueren Schuhen und den weggeworfenen Schlappen. Wenn ein Hund Schuhe ankaut, ist es immer Deine Schuld, denn Du hast es ihm nicht verboten, ihn sogar noch dazu erzogen.

Erlaubt sind Büffelknochen guter Qualität, aber immer nur in Maßen. Achte darauf, daß sie groß genug sind, beobachte Deinen Hund, wenn er sich mit ihnen beschäftigt.

Verboten ist, den Hund mit Plastik spielen zu lassen, beispielsweise mit Plastikblumentöpfen. Plastikstücke können leicht im Darm steckenbleiben, Operationen erzwingen. Leere Plastikflaschen oder -behälter sind keine brauchbaren Spielsachen, sie bergen nicht nur die gleichen Gefahren wie Plastikblumentöpfe, sondern an ihnen können sich auch die Hundezähne abschleifen.

Laß Dich immer vom gesunden Menschenverstand leiten, wenn Du für Deinen Beardie Spielzeug kaufst. Nach meiner Erfahrung besitzen viele Beardies ein Lieblingsspielzeug, das oft über Jahre hält. Solches Spielzeug scheint zu verschwinden, wenn ein anderer Hund zu Besuch kommt, erscheint auf wundersame Weise wieder, wenn der andere Hund die Wohnung verlassen hat!

4 Der erwachsene Beardie

FÜTTERUNG

Auf dem Markt gibt es eine Vielfalt vorzüglicher Futtermittel. Hast Du eines davon mit korrektem Proteingehalt gefunden, das Deinem Hund schmeckt, von ihm gut verdaut wird, solltest Du dabei bleiben. Hunde sind anders als Menschen, bei einigen stellt man immer fest, daß sie nicht täglich etwas anderes fressen mögen, ohne daß es dadurch zu Magenstörungen kommt.

Die Futteranleitungen auf Dosen und Verpackungen sind Hinweise der Hersteller, keine harten und festen Regeln. Wie Menschen gibt es auch Hunde, die sehr schnell Gewicht ansetzen, andere brauchen Extrarationen, wenn sie sehr aktiv sind, Kalorien schnell verbrennen. Aus diesem Grunde solltest Du Deinen Hund immer einfühlsam ernähren. Vergiß dabei nie, daß Bearded Collies schlanke, aktive Hunde sind. Vielleicht überrascht es Dich, wenn Du unter ihrem wolligen Äußeren erforschst, wie leicht sie gebaut sind. Sie besitzen weder das Untersetztsein noch den breiteren Körperbau des Old English Sheepdog. Ein gesunder Beardie fühlt sich fest und stark bemuskelt an. Der ganze Körper sollte mit einer festen Fleischschicht überzogen sein, man muß aber die Rippen fühlen können, er sollte auch Taille haben. Füttere keine Leckerbissen - es ist nicht notwendig, Deinen Beardie zu bestechen, damit er Dich mag! Nimm ihn auf Spaziergängen mit, biete ihm Gesellschaft, dann wird er Dich viel mehr lieben, als wenn Du ihn mit Leckerbissen verwöhnst.

FÜTTERUNGSEMPFEHLUNGEN

Nachstehende Tips könnten nützlich sein:

• Einige Hunde fressen langsamer als andere. Hast Du mehr als einen Vierbeiner, solltest Du die Hunde separat füttern.

• Laß zu den Mahlzeiten das Futter nie länger als etwa 20 Minuten am Boden stehen, andernfalls erziehst Du Deinen Hund zum Futtermäkler.

• Zahnen kann die Ursache sein, daß Dein Hund einige Zeit zögernd frißt, denn über diese Zeit ist sein Zahnfleisch wund. Sind die neuen Zähne voll durchgebrochen, wird er wieder gerne fressen.

• Viele Beardies haben ein empfindliches Verdauungssystem. Wenn bei Deinem Hund laufend Verdauungsstörungen auftreten, solltest Du seine Ernäh-

Ein gesunder Beardie fühlt sich fest und gut bemuskelt an.

rung auf einen niedrigeren Proteingehalt umstellen, wenn notwendig ihm zwei oder drei kleinere Mahlzeiten täglich geben. Löst dies das Problem nicht, bedarf es tierärztlicher Beratung.

• Wenn Dein Hund sich nach einer Krankheit wieder erholt, sollte er leichte Diätnahrung erhalten, beispielsweise gekochten weißen Fisch oder Huhn. Gräten und Knochen entfernen, gekochten Reis oder Teigwaren hinzufügen. Erst nach und nach kehrt man zur Normalernährung zurück.

• Nie solltest Du Deinen Hund direkt vor oder bald nach dem Auslauf füttern, das könnte zu einer Magenumdrehung führen. Meine Hunde sind immer zumindest eine Stunde vom Auslauf zurück, ehe sie ihre Haupttagesmahlzeit erhalten.

• Besonders vorsichtig sollte man im Sommer sein, das Hundefutter immer abdecken, damit die Fliegen keine Eier ablegen können.

KOMPLETTFUTTER

Im Normalfall wird Komplettfutter sackweise verkauft. Man erhält es als gemahlenen Hundekuchen, als Pellets oder in Flockenform. Im Komplettfutter sind alle Vitamine, Mineralien und Spurenelemente, die Dein Hund für eine ausgewogene Ernährung benötigt, enthalten. Aus diesem Grund ist es nicht notwendig - ja in der Regel schädlich, weitere Zusätze zu verfüttern.

Komplettfutter kann trocken gefüttert oder 20 bis 30 Minuten vor der Mahlzeit mit Wasser eingeweicht werden. Am besten versuchst Du beide Methoden, dann siehst Du, was Deinem Hund besser schmeckt. Besonders wichtig ist es bei Trockenfütterung, daß für Deinen Hund stets frisches Trinkwasser verfügbar ist. Alles eingeweichte Futter, das nicht gefressen wird, sollte anschließend weggeworfen werden.

Läßt man das Futter zu lange stehen, beginnt es zu fermentieren, verursacht bei Hunden, die es fressen, Störungen. Komplettfutter werden heute auf das jeweilige Alter und Lebensweise, für Welpen, Junghunde, Gewichtserhaltung, Arbeitshunde industriell angepaßt, proteinarm für übergewichtige Hunde, kleberfrei und Spezialdiäten für Hunde mit besonderen Gesundheitsproblemen. Natürlich sind Spezialdiäten nur beim Tierarzt erhältlich, müssen genau nach Anweisung verfüttert werden.

DOSENFUTTER

Hier solltest Du immer eine Qualitätsmarke wählen, der Inhalt variiert beträchtlich in der Qualität. Billigere Marken enthalten große Mengen von Gelee und Zerealien, bieten zuweilen für Deinen Hund keine ausgewogene Ernährung. Dosenfleisch wird normalerweise mit *Biskuitmixer* verfüttert, dadurch entsteht eine sehr schmackhafte, ausgewogene Ernährung. Auch hier sind in aller Regel durch die Hersteller die notwendigen Vitamine und Mineralien einbezogen, entsprechend bedarf es keiner Zusätze zu Dosennahrung mit Mixer.

VAKUUMVERPACKTES FUTTER

Vakuumverpacktes Futter enthält in der Regel gekochtes Fleisch oder Pansen. Einige der Angebote sind komplett, andere erfordern den Zusatz von Zerealienmixer. Diese Pakete brauchen nicht im Kühlschrank aufbewahrt werden, sind sie aber einmal geöffnet, muß man sie wie gekochtes Fleisch behandeln.

TRADITIONELLE FÜTTERUNG

Die traditionelle Fütterung von Hunden besteht in der Regel aus frischem oder gefrorenem Pansen, im Fachgeschäft gekauft (nicht zu verwechseln mit dem ausgewaschenen Pansen, den man beim Metzger erhält) und frisches oder gefrorenes Fleisch, ergänzt durch Hundekuchen oder Zerealienmixer. Rohes Fleisch sollte man immer abkochen, ehe man es dem Hund füttert.

Derartige Hausmannsmischungen erfordern den Zusatz einer guten Vitamin- und Mineralienmischung, um sicherzustellen, daß der Hund eine ausgewogene Ernährung erhält.

AUSLAUF

Als Faustregel braucht ein ausgewachsener Beardie täglich zumindest eine Stunde Auslauf - völlig unabhängig von dem jeweiligen Wetter. Vergiß nie, Dein Beardie wurde ursprünglich als Arbeitshund gezüchtet, braucht sowohl geistige Anregung wie körperliche Bewegung. Empfohlen wird eine Kombination von freiem Lauf ohne Leine und angeleinter Bewegung auf der Straße. Das Gehen auf der Straße hält nicht nur ihn - und Dich - in Kondition, es sollte auch seine Krallen kurz halten. Auch die Behaarung auf den Pfoten und zwischen den Ballen wird dabei gut abgelaufen.

Beardies lieben auf ihren Spaziergängen Abwechslung, versuche deshalb immer andere Wege zu gehen. Nicht jede Autofahrt sollte mit einem Spaziergang enden, andernfalls erziehst Du Dir dadurch wirklich aufgeregte Hunde, die bei der Anfahrt laufend kläffen - aus Vorfreude auf wunderbaren freien Auslauf am Ende der Fahrt. Solche Gewohnheiten sind später manchmal

Der Beardie braucht täglich zumindest eine Stunde Auslauf.

sehr schwer abzugewöhnen. Sie lassen sich von Anfang an vermeiden, wenn man Hunde auch regelmäßig auf Fahrten mitnimmt, bei denen es keine Verbindung zu Spaziergängen gibt.

Wenn Du Dich zu einem Spaziergang am Strand aufmachst, Dein Beardie dabei im Meer schwimmen oder paddeln darf, solltest Du ihn - zu Hause angekommen - mit Frischwasser abwaschen. Im Fell verbleibendes Salzwasser verklebt nicht nur das Fell, es macht das Haar auch brüchig. Vorsicht bei Spaziergängen über die Klippen, hier sollte der Beardie immer angeleint werden. Nicht immer erkennt man rechtzeitig am Horizont einen plötzlichen Abfall, möglicherweise könnte hier der Hund abstürzen. Immer ist es besser, sicher zu sein als traurig. Du solltest Deinen Hund an der Leine halten, wenn Du auf gefährlichem Terrain spazieren gehst. Obwohl Du sicher Deinen Beardie bei den meisten Spaziergängen mit der Familie bei Dir haben möchtest, an einem wirklich heißen Tag ist es viel freundlicher, den Hund zu Hause zu lassen und einen Freund bitten, ihn auf einen kurzen Spaziergang auszuführen. Laß Deinen Beardie nie an einem heißen Tag im Auto! Selbst wenn die Fenster mehrere Zentimeter offenstehen, heizt sich ein Auto innerhalb weniger Minuten zu Backofentemperaturen auf. Es braucht nie lange, um einen Hund durch Überhitzung zu töten, wenn er nicht gerade noch gerettet und behandelt werden kann. Versuche Deinen Beardie nicht durch hohes Gras zu bewegen, den Sommer über auch nicht in der Nähe von Kornfeldern, denn Grassamen oder

Körner können eine echte Gefahr werden, wenn sie in die Haut des Beardies eindringen oder sich im Ohr verfangen. Deshalb sollte man nach jedem Spaziergang seinen Hund gründlich untersuchen, insbesondere auch, wenn man Disteln oder Grassamen nahe gekommen ist.. Bürste das Fell tüchtig aus, kontrolliere zwischen den Zehen, in den Ohren, unter der Rute, im Leistenbereich und unter den Achseln. Hat der Hund schmutzige Pfoten, muß der Schmutz rund um das Nagelbett und zwischen den Zehen abgewaschen werden. Hierfür nimmt man viel lauwarmes Wasser, läßt den Hund dann trocknen oder packt ihn auf etwa 15 Minuten in zwei Hundetücher. Der Schmutz darf nicht auf den Pfoten bleiben und antrocknen, denn das Trocknen dauert dann länger. Schmutz, der zwischen den Zehen und an den Nagelbetten bleibt, könnte Verletzungen auslösen. Der gleiche Reinigungsprozeß empfiehlt sich analog bei Eis und Schnee. Der Schnee kann sich auf dem Hundefell in Klumpen sammeln, insbesondere auf den Läufen, muß zuweilen in warmem Wasser geschmolzen werden. Denke daran, Salz und andere chemische Mischungen, die zum Enteisen der Straßen eingesetzt werden, ätzen die Hundepfoten. Deshalb müssen sie nach jedem Spaziergang gründlich abgewaschen werden. Bei der Rückkehr von jedem Spaziergang solltest Du es Dir zur festen Gewohnheit machen, zunächst den Hund gründlich zu säubern, ehe Du den Teekessel aufs Feuer setzt.

Du solltest immer einige Plastikbeutel mitnehmen, um hinter Deinem Hund sauber zu machen. Es gibt überhaupt keine Entschuldigung, wenn auf öffentlichen Straßen und Plätzen Hundekot zurückbleibt. Sei ein verantwortungsbewußter Hundebesitzer, säubere immer hinter Deinem Hund. Es braucht wohl kaum zusätzlich erwähnt zu werden, daß Deinem Hund nie gestattet werden darf, andere lebende Tiere zu beunruhigen. Kommst Du in die Nähe von Tieren, solltest Du Deinen Hund anleinen.

DIE HEISSE HÜNDIN

Im allgemeinen werden Hündinnen alle sechs Monate heiß. Die Hitze dauert in der Regel etwa 21 Tage, über die gesamte Zeit zeigt die Hündin blutigen Ausfluß. Dieser kann manchmal etwas üppig sein, aber die meisten Hündinnen halten sich selbst sauber. Während der Hitze muß die Hündin von Rüden getrennt werden, besonders beim Auslauf. Zwischen dem 10. und 18. Tag ist sie für die Rüden am interessantesten. Achte sorgfältig darauf, daß sie aus dem Garten nicht entweichen kann, auch streunende Rüden, die ihren Geruch aufnehmen, nicht in den Garten gelangen können. Einige Hündinnen machen sich von sich aus auf Partnersuche, achte deshalb darauf, sie nur an sicheren Stellen unbeaufsichtigt zu lassen. Wenn Du nicht mit ihr züchten möchtest, könnte man überlegen, sie kastrieren zu lassen. Eine solche Operation sollte aber nicht durchgeführt werden, ehe die Hündin ausgereift ist, nach der ersten Hitze, besser nach der zweiten. Wenn Du Dich zur Kastration entschließt, ist es sehr wichtig, diese zu einem genauen Zeitpunkt ihres hormonalen Zyklus durchzuführen. Am besten liegt der Operationszeitpunkt in der Mitte zwischen zwei Hitzen. Wird die Hündin beispielsweise alle sechs Monate heiß, zählt man vom ersten Tag der Hitze zwölf Wochen, damit liegt man ziemlich genau zwischen zwei Zyklen. Wenn man den richtigen Zeitpunkt erwischt, kommt es nur zu minimalem - zuweilen zu überhaupt keinem hormonellen Ungleichgewicht, das für die Hündin künftig Probleme mit sich bringen könnte. Auch hier ist es wichtig, sich frühzeitig mit dem Tierarzt abzustimmen.

Züchten bedeutet große Verantwortung, sollte immer ernsthaft betrieben werden.

DIE ZUCHT

Die Züchter haben die Pflicht, alles in ihren Kräften stehende zu tun, um typische, gesunde und anatomisch gut aufgebaute Beardies zu züchten. Man erreicht dies nur durch vernünftige Zuchtplanung. Es gibt ein Sprichwort: »Paare das Beste mit dem Besten und hoffe das Beste!« Züchten ist eine sehr wichtige Aufgabe, man sollte nie leichtfertig daran gehen. Wichtig ist, alle Informationen über Zuchtrüden, Zuchthündinnen, Ahnenreihen, Betreuung der tragenden Hündin, Geburt, Ausrüstung, Aufzucht des Wurfs, Welpenverkauf, Beratung der neuen Besitzer zu sammeln. Am allerwichtigsten ist aber die Bereitschaft, jeden Hund im Notfall zurückzunehmen, sollte sich zu irgendeinem Zeitpunkt seines Lebens eine bedrohliche Situation ergeben.

Das Aufziehen eines Wurfes kann zum reinen Vergnügen werden, das ist aber in keiner Weise garantiert. Es gibt sehr viele Risiken, die zu Sorgen führen können. Deshalb sollte man im voraus alles genau überlegen, sicher sein, daß man ganz genau weiß, was man tut, um die geliebten Beardies richtig zu züchten.

Wenn Du Deinen Beardie ausstellst, erfährst Du näheres über seine Qualitäten, denn Du erhältst ein fachkundiges Urteil über Deinen Hund. Es läßt sich nicht immer voraussagen, daß Du Erfolg hast, letztendlich hattest Du Dir Deinen Hund ja in erster Linie als Familiengefährten gekauft.

Auch wenn sie nicht Championqualität aufweist, ohne sie auszustellen, wirst Du nicht genau erfahren, wie wertvoll Deine Hündin für die Zucht ist. Meine Empfehlung wäre, zumindest zwei Zuchtveranstaltungen zu besuchen, auf denen Spezialrichter die Rasse beurteilen. Frage zusätzlich zwei oder drei Fachleute, bitte sie um ihre unabhängige Meinung über Deinen Beardie, erkläre ihnen, daß Du mit der Hündin züchten möchtest. Dann solltest Du eine gute Übersicht dank der fachkundigen Urteile haben. Wenn die Experten glauben, Dein Beardie sei zur Zucht gut genug, muß die Hündin auf Hüftgelenksdysplasie geröntgt werden, nachgewiesen sein, daß sie auch in dieser Hinsicht den Zuchtvoraussetzungen entspricht.

Weiterhin solltest Du sorgfältig die Zuchtordnung der betreuenden Vereine studieren, hieraus ergeben sich alle notwendigen Formalien. Viele Zuchtclubs führen eigene Zuchtveranlagungsprüfungen durch, machen dies zur Voraussetzung für die Zuchtgenehmigung. Noch ein wichtiger Hinweis! Alleine die Zuchtzulassung besagt noch nichts darüber, daß der züchterische Einsatz Deiner Hündin die Rasse weiterbringt. Hier solltest Du selbst strenges Maß anlegen, im allgemeinen gibt es auf unserer Welt zu viele Welpen. Zucht heißt in Generationen denken - ist nur dann sinnvoll, wenn zurecht zu erwarten steht, daß die Nachzuchten voll im Rassetyp liegen, künftige Käufer ihre Freude an ihnen haben werden.

BETREUUNG DER VETERANEN

Über sein ganzes Leben hat der Beardie immer das Beste für Dich getan. Jetzt in seinem Alter ist es an Dir, Dich durch bestmögliche Betreuung zu bedanken, sicherzustellen, daß er keinesfalls zugunsten eines jüngeren Hundes vernachlässigt wird. Manchmal - im höheren Alter - kann die Betreuung harte Arbeit bedeuten, alles beginnt viel langsamer zu werden. Für einige Hunde tritt das Alter bereits mit acht Jahren ein, bei anderen dauert es bis zum Alter von elf bis zwölf Jahren, ehe erkennbar alles wesentlich langsamer verläuft. Viele Beardies erreichen ein goldenes Alter von 16 Jahren und mehr.

Beim Älterwerden können Seh- und Hörvermögen Deines Beardies schlechter werden, dadurch kann er auch weniger auf Deine Kommandos reagieren. Möglicherweise wird er auch in seinen Gelenken steif, das macht seine Bewegungen langsamer. Immer ist es sehr wichtig, dem Hund regelmäßige Bewegung und geistige Anregungen zu geben. Obwohl es sicherlich Freude macht, ihn ohne Leine sich in seinem eigenen Tempo bewegen zu lassen, wenn er schwerhörig ist, könnte er sich möglicherweise in der falschen Richtung entfernen! In solchen Fällen ist es ratsam, den Hund an der Leine zu führen, aber nie zuviel, denn Spaziergang an der Leine bedeutet immer auch einen gewissen Zwang. Kurze Spaziergänge, einmal oder zweimal täglich, ist für einige Hunde durchaus genügend. Andere werden unverändert in der Lage sein, auch noch längere Wege mitzumachen. Dein älterer Hund genießt meist das Autofahren, es vermittelt ihm Abwechslungen, er fühlt sich einbezogen, bleibt unverändert ein vielgeliebtes Familienmitglied.

Veteranen verdienen besonders liebevolle Betreuung und Pflege.

Nützlicher Rat: *Du könntest am Halsband Deines altgewordenen Beardie eine Glocke anbringen. Wenn er schwerhörig ist, nicht zu Dir zurückfindet, kannst Du auf diese Art hören, wo er sich gerade befindet.*

Dein alter treuer Begleiter braucht unverändert regelmäßige Fellpflege. Im allgemeinen wird die Haut mit dem Alter empfindlicher. Deshalb muß man bei der Fellpflege vorsichtiger sein, darf nie zu schnell arbeiten. Nimm Dir die Zeit, um während der Pflege den Hund sorgfältig auf Verletzungen oder möglicherweise Schwellungen zu überprüfen, die Beachtung verdienen. Schneide seine Krallen, sie wachsen beim älteren Hund schneller, weil sie sich durch weniger Bewegung langsam abnutzen. Halte seine Zähne sauber, überprüfe auf Zahnschäden, manchmal müssen Zähne im Alter gezogen werden. Ältere Hunde scheinen manchmal sehr viel Freude am Fressen zu haben, ihre Mahlzeiten werden zur Krönung ihres Tages! Du könntest die Portionen aufteilen, so daß der Hund zweimal täglich gefüttert wird. Dabei darf man aber die Gesamtmenge nicht steigern. Gerade im Alter ist es sehr wichtig, den Hund nicht fett werden zu lassen. Füttere keine Leckerbissen und erkundige Dich - falls erforderlich - bei Deinem Tierarzt über eine kalorienarme Ernährung für ihn. Dein Beardie soll unverändert angenehm riechen, hilfreich ist hierfür ein gelegentliches Bad. Achte darauf, daß er ein behagliches warmes Lager hat, trockne ihn immer sorgfältig, falls er naß wird. Jährliche Kontrolluntersuchungen beim Tierarzt im Rahmen der Wiederholungsimpfungen sind für Hunde jeden Alters angezeigt und sinnvoll.

Habe mit Deinem alten Freund Geduld, bemühe Dich, ihn zu verstehen. Er hat all sein Vertrauen in Dich gesetzt, Dir treu gedient - jetzt ist die Zeit, ihm viel Liebe zurückzugeben, ihn bis zu seinem Ende gut zu versorgen.

ABSCHIED

Wenn ein Hund an das natürliche Ende seines Lebens kommt, hoffen wir alle, daß er in einer Nacht friedlich einschläft, zusammengerollt in seinem Lieblingslager. Leider geschieht dies nicht sehr oft, manchmal müssen wir selbst stark sein, die Entscheidung treffen, den Hund einschläfern zu lassen.

Wenn Du das Gefühl hast, daß aufgrund unheilbarer Krankheit oder sehr hohen Alters Dein Beardie alle Lebensqualität verloren hat, solltest Du Dich offen mit Deinem Tierarzt aussprechen, ihm vertrauen. Kein verantwortungsbewußter Tierarzt schläfert gerne einen Hund ein, es sei denn, es bedeutet für den Hund eine große Hilfe. Erweist sich die Entscheidung als zwingend, solltest Du es für Deinen Hund einfacher machen, den Tierarzt zu Dir ins Haus bitten. In vertrauter Umgebung ist der Hund entspannter. Dieser letzte Liebesdienst muß mit großer Empfindsamkeit durchgeführt werden, damit der Hund ein würdiges Ende findet. Während der letzten Injektion solltest Du Deinen Hund in Deinen Armen halten, ihm gut zureden. Das hilft ihm, in Frieden zu scheiden.

In der großen Traurigkeit über den Verlust des *besten Freundes* findest Du Linderung, wenn Du Dich der vielen glücklichen Zeiten erinnerst, die Du über das ganze Leben des Hundes gemeinsam mit ihm verbrachtest. Bald wirst Du Deinen eigenen Frieden finden, wenn Du weißt, daß Du wirklich nur das Leiden Deines Hundes nicht mehr verlängert hast.

5 Erziehung Deines Beardie

DER KLAPPKÄFIG

Wir haben es schon erwähnt, für die Erziehung zur Stubenreinheit ist ein Klappkäfig eine wertvolle Hilfe. Wenn Du ihn schon mit der Ankunft des Welpen richtig einsetzt, wirst Du schnell herausfinden, daß er wertvolle Hilfen bietet - nicht zuletzt im Rahmen vernünftiger Hundeerziehung.

• *Nächtliche Erziehungshilfe zur Stubenreinheit.*

Baue den Käfig auf, lege eine behagliche Einlage und sein Spielzeug hinein. Außen neben dem Käfig steht ein Trinkgefäß. Es ist wichtig, daß ein Hund immer eine Schüssel mit frischem Wasser verfügbar hat. Es gibt Spezialwasserschüsseln, die man in passender Höhe für den Welpen an die Seitenwand des Käfigs anschrauben kann. In der einen Hälfte des Käfigs wird mit Vetbed ein gemütliches Lager bereitet, am anderen Ende legt man für alle Fälle einige Lagen alter Zeitungen aus. Als allerletztes am Abend, ehe die Familie zu Bett geht, wird der Welpe zum sich Lösen in den Garten gebracht. Wichtig - immer den Welpen begleiten, damit man sieht, daß er sich löst.

Hunde verunreinigen nur in äußerster Not ihr eigenes Lager, meist beginnen sie zu bellen, damit man sie am frühen Morgen hinaus in den Garten führt, sie sich dort lösen können. Keinesfalls darfst Du den Welpen schlagen, wenn er sich löst, ehe er in den Garten gebracht wird. Über die ersten Wochen mußt Du ziemlich früh aufstehen, aber nach und nach kannst Du mit dem Älterwerden des Hundes auch länger schlafen, denn die Kontrolle über Darm und Blase werden besser. Später ergibt sich auch keine Notwendigkeit mehr, nachtsüber die Käfigtür zu schließen. Aber es kann durchaus richtig sein, daß er im Käfig auch künftig schläft. Man läßt einfach die Tür für ihn offen, so daß er kommen und gehen kann wie er will.

• *Erziehungshilfe gegen die Versuchung, alles anzuknabbern.*

Etwa zwischen vier und sechs Monaten erfolgt der Zahnwechsel. In dieser Zeit bildet alles, was herumsteht und sich ankauen läßt, für den Hund eine große Versuchung. Wenn Du deshalb einkaufen gehen mußt, ihn für kurze Zeit im Haus unbeaufsichtigt zurücklassen möchtest, solltest Du ihn in den Käfig bringen, am besten mit einem Kauspielzeug, vielleicht auch mit einem sterilisierten Markknochen.

Gewöhnst Du Deinen Welpen von Anfang an an einen Klappkäfig, lernt er schnell, darin einen behaglichen und sicheren Zufluchtsort zu sehen.

Nützlicher Rat: *Wenn zum Beispiel Deine Tische und Stühle Holzbeine haben, die der Welpe gerne ankaut, besorge Dir im Zoofachhandel oder auf einer Ausstellung »Bitter Apple«, ein Liquid aus dem Bitterstoff des Apfels. Pinsele die Möbelbeine damit ein, was keinen Schaden anrichtet. Dein Welpe wird mit angewiderter Miene vom Anknabbern absehen.*

- *Einsperren des Welpen im Käfig während seiner Mahlzeiten.*

Dies ist besonders nützlich, wenn der Welpe langsam frißt. Auch, wenn noch ein zweiter Hund im Haushalt lebt, der sein eigenes Futter hinunterschlingt, danach versucht, das Futter des Welpen zu klauen. Solches Verhalten kann recht störend sein, deshalb füttere ich meine Hunde immer einzeln.

- *Als Zwischenaufenthalt bis zum Trockensein.*

Wenn man Pfoten und Bauch des Hundes nach einem Spaziergang bei schlechtem Wetter abgewaschen hat, sollte man ihn für etwa fünfzehn Minuten auf einigen Hundetüchern in den Käfig stecken, damit er trocknet. Dies erspart die Arbeit mit dem langen Abtrocknen der Läufe, verhindert auch, daß sich an der Behaarung der Läufe zuviel Knoten bilden. Ist der Hund etwas abgetrocknet, darf er wieder zur Familie zurückkehren, ohne Gefahr, nasse Pfotenabdrücke im ganzen Haus zu verteilen.

- *Als Schutzraum während der Genesung.*

Zuweilen bestehen zwingende medizinische Gründe, weshalb der Hund abgetrennt werden muß. Hat er beispielsweise eine Muskelverletzung erlitten, eine frische Operation hinter sich, darf er einige Zeit niemanden anspringen, sich nicht frei bewegen. Auch wenn die Fäden nach der Operation frisch gezogen sind, ist der Käfig für ihn der geeignete Ruheplatz. Nimmt man ihn heraus, sollte man ihn anleinen, so daß er nur die vorgeschriebene Bewegung erhält, bis die Genesung völlig abgeschlossen ist.

• *Um den Hund von Besuchern fernzuhalten.*

Wenn ein gebrechlicher oder älterer Freund uns besuchen kommt, sind für ihn manchmal die Beardies in ihrer Begrüßung zu wild, zu *umwerfend.* Beardies hassen es, aus dem Bereich ausgeschlossen zu werden, wo sich etwas ereignet. Am besten stellt man den Käfig da auf, wo sich beide - der Hund und der Besucher - sehen. Und durch diese Trennung wird die Beardie-Anwesenheit nicht zu *überwältigend.*

• *Als Zuflucht für einen alten Hund.*

Wenn die Jahre verstreichen - viele Beardies erreichen ein hohes Alter von 15 oder 16 Jahren - könnte es passieren, daß Dein Hund inkontinent wird. War er es gewöhnt, neben Deinem Bett zu schlafen, wird er es wahrscheinlich sehr übel nehmen, jetzt zum Schlafen in die Küche eingesperrt zu werden. Wahrscheinlich wird er bellen, um es Dich wissen zu lassen, daß er hiermit überhaupt nicht glücklich ist. Niemand findet Schlaf. Jetzt könntest Du den Klappkäfig in Deinem Schlafzimmer aufbauen, Deinen Hund weiter neben Dir schlafen lassen. Da im Käfig ein Plastikschuber als Bodenfläche eingebaut ist, werden die Teppiche nicht verschmutzt - und Dein alter treuer Beardie kann glücklich da schlafen, wo er immer gewesen ist.

• *Zum Gebrauch in den Ferien.*

Beim Aufenthalt in Hotels nehme ich immer meinen Klappkäfig mit, so daß der Beardie im gleichen Zimmer mit mir sein kann, nicht die Nacht über draußen im Auto schlafen muß. Der Hund ist in seinem Käfig absolut sicher, während ich zum Abendessen gehe. Ich entspanne mich, weiß, daß er kein Unheil anrichten kann, während ich ihn allein lasse. Bei meiner Rückkehr lasse ich ihn aus dem Käfig - solange ich ihn überwachen kann. Zum Schlafen kehrt er wieder in seinen Käfig zurück. Dies ist eine Regelung, die auch bei den meisten Hotels sehr willkommen ist.

• *Als Pflegetisch.*

Ein dicker Läufer auf der Oberseite des Drahtkäfigs ermöglicht eine doppelte Funktion, der Käfig wird zum idealen Pflegetisch für Deinen Beardie. Wenn Du ihn von früher Jugend an daran gewöhnst, wird er schnell lernen, beim Bürsten und Kämmen fröhlich auf dieser Fläche zu verweilen.

• *Im Auto.*

Vernünftigerweise benutzen viele Hundeliebhaber Klappkäfige im Auto, um ihren Beardie sicher zu transportieren. Nach meiner Erfahrung sind aber Käfige, die ins Auto passen, nicht groß genug, um auch all den anderen Aufgaben zu dienen, die ich aufgeführt habe. Wenn Du deshalb einen Käfig für das Auto brauchst, solltest Du in der Regel einen zweiten kaufen, nicht denselben nutzen wie in der Wohnung. Im Haus empfehle ich eine Käfigabmessung von ungefähr 110 cm x 68 cm x 76 cm.

LEINENERZIEHUNG

Wenn Du erstmals am Halsband des Welpen eine Nylonleine anlegst, solltest Du ihn umherlaufen, die Leine hinter sich nachziehen lassen. Wenn er darauf tritt, führt dies zu einem leichten Leinenruck am Halsband, wenn er weitergeht, ist er frei. Dies gewöhnt ihn daran, daß etwas an seinem Hals befestigt wird, aber noch ohne die Einschränkungen durch den Menschen, der die Leine festhält und daran zieht. Wiederhole diese Erziehung unter Überwachung mehrfach, wenn niemand anderes in der Gegend ist, der versehentlich auf die Leine tritt. Dann beginnst Du die Leine festzuhalten - und mit freundlicher Ermunterung wird der Welpe jetzt lernen, an dieser Leine zu gehen, ohne dagegen anzukämpfen.

ZUGHALSBÄNDER

Zughalsbänder haben für die Erziehung gewisse Vorteile, zunächst muß man aber lernen, sie korrekt einzusetzen. Wenn man es falsch macht, könnte es dazu führen, daß ein Hund noch mehr zieht. Nie darf man einen Hund frei laufen lassen, der ein Zughalsband trägt. Es wirkt wie eine Schlinge. Wenn sich der Hund irgendwo verfängt, könnte er ernsthaft verletzt werden, sich möglicherweise selbst erhängen. Übertriebener Gebrauch eines Zughalsbandes wird das ganze Haar rings um den Hals des Beardies schädigen.

Wenn Du wirklich glaubst, ein solches Halsband einsetzen zu müssen, empfehle ich ein Zughalsband aus Leder mit großen Ringen an beiden Enden. Sind die Ringe zu klein, kann sich das Haar darumwickeln, verhindern, daß sich das Halsband entspannt. In den allermeisten Fällen braucht man kein Würgehalsband, genügt absolut ein rundgenähtes, einfaches, festes Lederhalsband.

Zum Beginn der Leinenerziehung darf der Junghund frei umherlaufen, die Leine hinter sich herziehen.

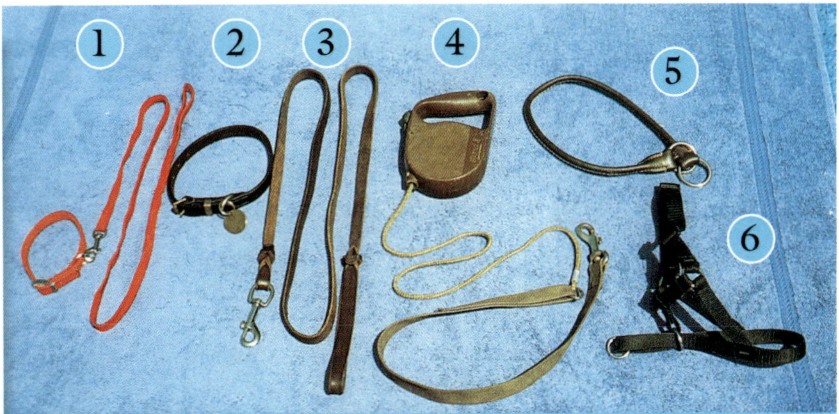

Ausbildungsgegenstände: 1. Welpenleine und Halsband. 2. Lederhalsband für Erwachsene. 3. Lederleine. 4. Ausziehleine. 5. Lederzughalsband. 6. Halti.

HALTI

Das Halti ist für Hunde besonders nützlich, die immer zu ziehen versuchen. Es ähnelt sehr einem Pferdehalfter, hat auch ähnliche Funktionen. Erfunden von dem Verhaltensforscher Dr. Mugford ermöglicht es, daß Du den Kopf des Hundes zu Dir umwendest, wann immer er zu ziehen beginnt. In dieser Stellung kann er aber nicht mit all seinem Körpergewicht gegen Dich weiter vorwärts ziehen.

Ist das Halti dem Hund korrekt angelegt, befestige ich die Leine am Halti, gleichzeitig auch am Ring des Lederhalsbandes. Dadurch verhindere ich, daß das Halti über den Kopf des Hundes abgestreift wird, falls er auf einmal den Rückwärtsgang einlegt. Beim Ableinen und freien Lauf sollte man das Halti dem Hund abnehmen.

AUSZIEHLEINEN

Ausziehleinen habe ich besonders bei Hunden als nützlich empfunden, die beispielsweise an einer Muskelzerrung leiden. Damit kann man den Hund alleine ausführen, um langsam

Das Halti ist zur Korrektur stark ziehender Hunde besonders nützlich.

Das Kommando Sitz kann man unter gleichzeitigem Druck auf die Hinterhand lehren. Alternativ hält man dem Hund über seinem Kopf einen Leckerbissen vor.

die Bewegung wieder zu ermöglichen, noch ehe man ihm aber wieder freien Lauf gestatten darf. Diese Leinen sind auch besonders gut, wenn man einen älteren Hund besitzt, dessen Hörvermögen stark vermindert ist, der unangeleint auf die Idee verfällt, in der falschen Richtung loszumarschieren.

Natürlich muß man mit der Ausziehleine vorsichtig sein, wenn man damit in der Stadt auf einem Gehweg spazierengeht. Wenn ein Hund zehn Meter vor Dir läuft, könnte er auch plötzlich zehn Meter seitlich mitten auf der Straße stehen. Wenn Du eine solche Leine - voll ausgezogen - verwendest, wenn andere Hunde mit umherlaufen, ist es möglich, daß die freilaufenden Hunde nicht immer die dünne Nylonschnur sehen. Sie könnten sich möglicherweise beim Hineinlaufen in voller Geschwindigkeit ernsthaft verletzen. Diese Leinen haben große Möglichkeiten, müssen aber immer mit Verstand verwendet werden.

GRUNDERZIEHUNG

Ist Dein Beardie alt genug, wäre es vernünftig, mit ihm in einen *Welpenkindergarten* zu gehen, dies wäre auch die Vorstufe für spätere Grunderziehung. Bei der Welpenerziehung muß man immer die geistigen Fähigkeiten der Hunde berücksichtigen, sie müssen über jede Neuerung stolz sein, ohne sich belastet zu fühlen. Die meisten Beardies haben wenig Spaß daran, in der Hundeschule eng bei Fuß im Kreis herumzulaufen. Ich glaube trotzdem daß es wichtig ist, daß die Hunde gewisse Grundkommandos beherrschen.

Hierzu einige Hinweise:

SITZ: Dieses Kommando erklärt sich von selbst.

PLATZ: Gewünscht ist flaches Liegen auf dem Boden. Falsch wäre das Kommando *Sitz-Platz* - *Sitz* und *Platz* sind völlig verschiedene Kommandos. Und ein Hund kann nur ein Kommando zu einem bestimmten Zeitpunkt befolgen. Für den Notfall kann sich *Platz* zum lebensrettenden Kommando entwickeln, wenn Du beobachtest, daß ein Unfall droht. Bist Du dann in der Lage, auf Kommando Deinen Hund in die Position *Platz* zu bringen, könnte das Unglück vermieden werden.

RUNTER: Dieses Kommando benutze ich, wenn mich ein Hund anspringt, seine Vorderpfoten auf die Arbeitsplatten in der Küche legt, möglicherweise mit nassen Pfoten auf Polstermöbel springt. In solchen Fällen vermeide ich das Kommando *Platz* - es ist gar nicht notwendig, daß sich der Hund auf den Boden legen soll. Vielmehr wünsche ich, daß er mit allen seinen vier Pfoten auf dem Boden bleibt! Dein Hund muß die Unterschiede zwischen den Kommandos *Sitz, Platz* und *Runter* lernen, für ihn sind es drei völlig verschiedene Kommandos und Aufgaben.

WARTEN: Damit verlangt man vom Hund zurückzubleiben, bis ein weiteres Kommando folgt. Schnell erkennt der Hund, daß ein weiteres Kommando bevorsteht, man von ihm etwas neues verlangt.

BLEIB: Dieses Kommando sagt dem Hund zu bleiben, »bis ich zu dir zurückkomme«. Dieses Kommando sollst Du auch einsetzen, wenn Du zum Einkaufen gehst, Deinen Hund zu Hause läßt. Lobe den Hund immer, wenn Du zurückkommst.

AUS: Dieses Kommando gehört zu den allerwichtigsten! Es wird nützlich sein, wenn ein anderer Hund kurz davor ist, Deinen Hund zu beißen, wenn er nicht abdreht - oder wenn Dein Beardie ein vergiftetes, totes Tier untersucht, von dem Du keinesfalls möchtest, daß er es aufhebt.

Platz *gehört zu den wichtigsten Kommandos, die der Hund lernen muß.*

Warten *bedeutet, der Hund muß bleiben, bis ein nächstes Kommando folgt.*

Bleib *bedeutet, der Hund muß am Platz bleiben, bis sein Führer zurückkommt.*

HIER: Wenn Du Deinen Beardie rufst, sollte er zu Dir kommen, wo immer Du auch gerade bist. Bei der Erziehung des Junghundes erhält er eine Belohnung, wenn er zu Dir zurückkommt, beispielsweise getrocknetes Katzenfutter (es hat einen einladenden Geruch und ist leicht zu bekommen). Wenn Dein Hund älter geworden ist, reicht durchaus ein freundlicher Klaps und ein stimmliches Lob, man sollte nicht immer Leckerbissen weiterfüttern. Kommt Dein Junghund zu Dir, spiel mit ihm, laß ihn dann wieder frei und spiel mit ihm erneut. Lege ihm hier und da auf einige Minuten die Leine an, laß ihn aber immer wieder frei. Wenn Du dies vergißt, wird der Hund bald lernen, daß Du ihn, insbesondere bei Spaziergängen, immer nur rufst, wenn Du ihn anleinen möchtest, um nach Hause zu gehen. Deshalb ist es bei der Erziehung zu Hause wie auf Spaziergängen so wichtig, immer wieder den Hund zu Dir zu rufen, manchmal ihn für kurze Zeit anzuleinen - ehe Du ihn wieder frei laufen läßt. Aber immer erhält er Streicheln und stimmliches Lob, wenn er zu Dir kommt.

Bei einem so erzogenen Hund sollte es keine Probleme geben, ihn anzuleinen, wenn der Spaziergang zu Ende ist und Du mit ihm nach Hause zurückkehren möchtest.

NEIN: Dieses Wort erklärt sich von selbst, benutze dieses Kommando aber

Ausbildungszeiten müssen immer Spaß machen.

nicht zu häufig. Hunde beachten den Tonfall, deshalb solltest Du beim Loben Deine Stimme anheben, bei Kommandos dunkler machen. Hunde können nicht wie Menschen denken. Keinesfalls kommen sie auf die Idee, *wenn ich hier sitze, wird er mir einen Leckerbissen geben.* Sie müssen lernen, daß immer nach dem Gehorsam die Belohnung folgt.

AUSBILDUNGSKURSE

Hundeschulen und Hundevereine bieten vorzügliche Sozialisierungsmöglichkeiten für Deinen Beardie. Du solltest Dir aber immer darüber im klaren sein, daß der Ausbilder dafür da ist, Dich zu unterrichten, wie Du Deinen

Beardievale Village Gossip CD Ex. Die Arbeitsveranlagung der Beardies läßt sich durch Working Instinct Tests *überprüfen.*

Ch. Deedledee Carefree Rupert. Beardies lieben Agilitiywettbewerbe.

Hund ausbildest - er soll nicht für Dich Deinen Hund erziehen. Versuche einen Ausbildungsverein zu finden, der etwas von der Rasse versteht, Du könntest einmal beim Zuchtverein nachfragen. Der Ausbilder muß den Grad der Erziehung, den Du und Dein Hund erfordern, beherrschen. Insgesamt gesehen besitzen Bearded Collies ein freundliches Wesen, sind aber empfindlich gegen harte Erziehung. Wenn Du in einer geräuschvollen, nervös aufgeladenen Atmosphäre versuchst, Deinen Hund zu unterrichten, ist er absolut nicht in der Lage, sich auf Dich zu konzentrieren.

Fest, aber freundlich und ruhig - dies sind die Schlüsselworte zur richtigen Erziehung. Bleibe immer bei den gleichen Kommandos, vergewissere Dich, daß Dein Hund versteht, was Du von ihm erwartest. Um seine Aufmerksamkeit auf Dich zu lenken, solltest Du den Hund beim Namen rufen, danach folgt das Kommando. Lange Sätze verwirren Hunde nur. Sage keinesfalls: »Daisy, komm zu mir her und beeile Dich. Du bist ein cleveres Mädchen, komm her zu mir.« Richtig wäre: »Daisy hier!« Wenn sie dann bei Dir ist, solltest Du sie freundlich loben, etwa mit »braves Mädchen!«

WORKING TESTS

Um die Arbeitsqualitäten des Bearded Collie zu erhalten, haben englische Rassezuchtvereine Arbeitsveranlagungstests für Hunde und Besitzer ausgeschrieben, um zur Arbeit anzuregen. Es gibt vier Schwierigkeitsgrade, zu Beginn mit reiner Unterordnung, fortschreitend zu höheren Aufgaben, zu denen auch Prüfungen gehören, die mit der Originalarbeit von Hütehunden in Zusammenhang stehen.

Die Clubs bieten eigene Trainingsveranstaltungen für Hundebesitzer, die Hilfe bei der Ausbildung ihrer Hunde für besondere Aufgaben benötigen. Diese Ausbildungsveranstaltungen verlaufen freundlich, sind formlose Versammlungen, bieten sehr gute Informationen. Bei den *Working Instinct Test Days* werden Schafe oder Gänse eingesetzt, um den natürlichen Hüte- und Treibertrieb des Bearded Collies zu kontrollieren. Meist werden sie zweimal jährlich von den Rassezuchtvereinen abgehalten.

AGILITY

Dank seiner Persönlichkeit ist der Bearded Collie ein idealer Wettbewerber für Agility. Vor der Ausbildung für Agility sollte Dein Hund die Grundausbildung in Gehorsam hinter sich haben. Springen beginnt frühestens mit zwölf Monaten und zuviel Springen belastet die Knochenmuskulatur, ehe der Hund mit 18 Monaten bis zwei Jahren voll ausgereift ist. Empfehlenswert ist immer, die Hüftgelenke des Hunde röntgen zu lassen, ehe man zu anstrengende Aufgaben in Angriff nimmt.

Hierzu ein wichtiger *Literaturhinweis:*
Ruth Hobday - AGILITY MACHT *SPASS! Band I und Band II* (Kynos Verlag). Zwei Superbücher, der Weg zur *Behendigkeit auf sechs Beinen.*
Nicht weniger interessant ist das Buch Adolf Kraßnigg TURNIERHUNDSPORT (Kynos Verlag), der Weg zum *idealen Team Mensch-Hund.*

AUSSTELLUNGEN

Wenn Dich Hundeausstellungen interessieren, solltest Du zweckmäßigerweise zunächst an einer Vorbereitungsklasse in einem Hundeverein mitarbeiten. Man nennt solche Ausbildungsklassen im Normalfall *Ringtraining.* Die Termine von Hundeausstellungen erfährt man in den verschiedenen Hundespezialmagazinen, die meist im Kiosk ausliegen. Die Rassezuchtvereine sind weitere wichtige Informationsquellen. Hier kann man sich die Ausschreibungen zuschicken lassen und danach seinen Hund melden.

ZUSAMMENFASSUNG

Selbst wenn Du überhaupt nicht an Wettbewerben teilnehmen möchtest, kannst Du Deinen Beardie ausbilden, viel Spaß daran haben. Eine Reihe Bearded Collies haben großartige Leistungen vollbracht, im Ausstellungsring wie auch bei Arbeitsprüfungen. Beide demonstrieren eindeutig die Vielseitigkeit der Rasse. Aufgrund ihrer übermütigen Unternehmungslust brauchst Du bei Beardies eine ganze Weile, um sie richtig zu erziehen. Wenn man sich aber die Zeit und Mühe macht, besitzt man im Anschluß einen Hund, der viel Anerkennung findet. Es macht Freude ihn zu besitzen, man kann ihn überall mitnehmen. Nicht erzogen kann der Beardie ein ziemlich übermütiger Halbstarker werden - das ist aber dann nicht sein Fehler, sondern Deine Verantwortung. Möglicherweise müßtest Du Dich von ihm trennen, ginge er dann, aufgrund seines schlechten Verhaltens von Hand zu Hand - und wer weiß, wie die ganze Geschichte enden würde?

Die Erziehung Deines Beardie ist Deine ureigenste Aufgabe. Lerne, diese Aufgabe richtig zu erfüllen, habe Freude daran - vergewissere Dich aber, daß es auch Deinem Hund Spaß macht. Dann kannst Du immer stolz darauf sein, einen so gehorsamen und schönen Hund zu besitzen.

6 Pflege

Wenn Du Dir einen Bearded Collie ins Haus holst, wird Dich zweifelsohne sein wunderschönes zottiges Aussehen genauso begeistern wie sein liebenswerter Charakter. Einen Bearded Collie richtig gepflegt zu halten, daß er gesundes Fell und Haut hat, braucht viel Zeit und persönliche Hingabe - dann sollte es aber für Hund wie Besitzer viel Freude machen.

AUSRÜSTUNG

Nachstehende Ausrüstungsgegenstände solltest Du Dir zulegen:

- Je eine Bürste in Nylon und mit Naturborsten von guter Qualität, Normalgröße oder Juniorgröße. Solche Bürsten werden auch für menschlichen Gebrauch hergestellt, man findet sie in großen Zoofachhandlungen oder auf einigen der Stände auf Hundeausstellungen, nicht aber in jedem kleinen Zoofachgeschäft.
- Eine Drahbürste.
- Kamm mit Holzgriff mit langen, breitstehenden Metallzähnen.
- Kleinen Metallkamm mit dichtstehenden Zähnen. Mit diesem Kamm kann man kleine Knoten lösen, die sich besonders zwischen den Zehen des Beardies bilden.
- Ein Entfilzungskamm mit Plastikgriff mit einer Doppelreihe von Metallzähnen in V-Form. Man erhält sie beim Zoofachhandel.
- Ohrenzange aus rostfreiem Stahl, gerade, die nicht einrastet. Man gebraucht sie zum Ausreißen von unerwünschtem Haar aus dem Gehörgang. Auch sie kann man auf Hundeausstellungen oder beim Zoofachhandel kaufen.

Nützlicher Rat: *Stecke die Stahlpinzetten immer in Deine Tasche, um das Metall einige Minuten vor Gebrauch anzuwärmen. Damit vermeidest Du, daß sich Dein Hund durch das Kältegefühl des Stahls an seiner empfindlichen Haut im Ohrinnern beunruhigt.*

- Nagelzange aus rostfreiem Stahl. Diese Nagelzange sieht einer Heckenschere ziemlich ähnlich, die man normalerweise zum Rosenschneiden im Garten verwendet. Nach meiner Erfahrung hat sie einen sehr präzisen Schnitt, ohne die Krallen zu quetschen. Insbesondere kann man sehr genau sehen, wieviel man vom Nagel abschneidet.

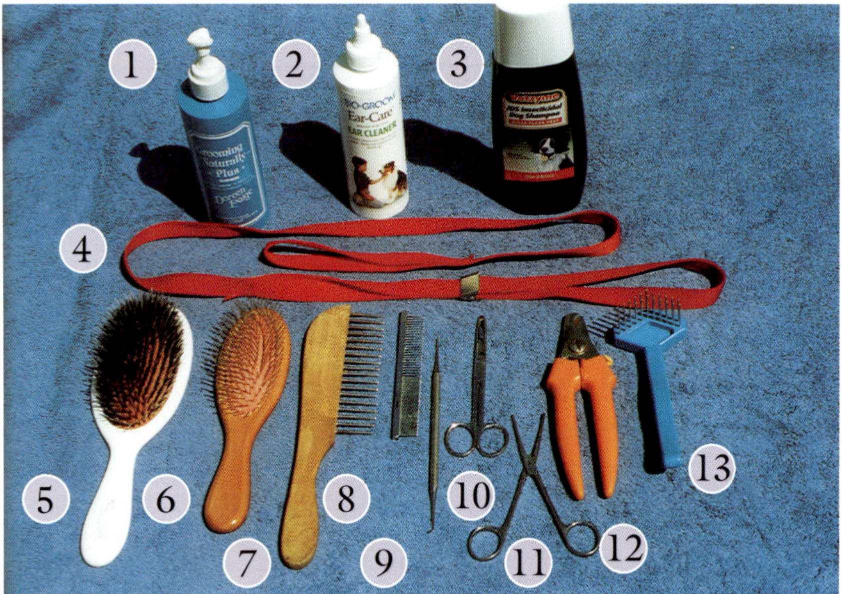

Pflegeausrüstung: 1. Pflegespray. 2. Ohrenreiniger. 3. Shampoo. 4. Ausstellungsleine. 5. Borstenbürste. 6. Drahtbürste. 7. Kamm mit Holzgriff. 8. Metallkamm. 9. Zahnschaber. 10. Schere mit abgerundeten Enden. 11. Ohrenzange aus rostfreiem Stahl. 12. Krallenzange. 13. Entfilzungskamm.

Anmerkung der Übersetzer: *gutes* Pflegezubehör gibt es auch im hiesigen Fachhandel.

- Qualitativ gutes antistatisches Pflegespray. Hierdurch gleiten Bürsten und Kämme leichter durch das Fell, gleichzeitig wird das Fell gereinigt, duftet das Hundehaar frisch.
- Scheren - am besten mit abgerundeter Spitze - um den Beardie an Bauch und um die Genitalien von überflüssigem Haar zu befreien.
- Zahnschaber aus rostfreiem Stahl zur Zahnsteinentfernung. Man erhält ihn auf Hundeausstellungen und beim guten Zoofachhandel.

ROUTINEPFLEGE

Wenn Dein Beardie auf Dich zuläuft, um mit Dir zu spielen und Aufmerksamkeit zu finden, Du ihn aber wegschicken mußt, weil er riecht, hast Du ihn nicht richtig gepflegt. Das Gleiche kann passieren, wenn er nach seinem Spaziergang zu schmutzig ins Haus kommen darf. Mit nur wenig Mühe kann man seinen Beardie recht gut pflegen, bürstet das Fell mit einer Nylon- oder Borstenbürste gründlich durch. Es ist besonders wichtig, das Fell nie verfilzen zu lassen. Das bedeutet, daß der Hund bis auf die Haut durchgebürstet werden muß. Zumindest einmal wöchentlich muß das regelmäßig erfolgen.

Die Pflege eines langhaarigen Hundes ist eine Kunst. Mir bleibt die Hoffnung, daß der Züchter sich einige Zeit genommen hat und Dir zeigte, wie Du das Welpenhaarkleid pflegen mußt. Brauchst Du mehr Beratung, werden in den Zuchtvereinen häufig Pflegedemonstrationen durchgeführt und - in allen Fällen - sollte der Züchter Dich beraten können, wo Du derartige Hilfe findest. Hast Du dennoch das Gefühl, daß Du mit dem Haarkleid Deines Beardies nicht richtig zurechtkommst, ist es immer besser, eine Niederlage zuzugeben, in der Umgebung einen guten Hundepflegesalon zu suchen, der gerne bereit ist, Deinen Beardie regelmäßig zu pflegen und zu baden. Geschieht dies alle sieben Wochen, wird er immer gepflegt wirken und sein Fell angenehm riechen.

WELPENPFLEGE

Gewöhne Deinen Welpen an die Pflege, noch ehe er diese überhaupt braucht. Am leichtesten geschieht dies im Alter von acht bis neun Wochen, wenn sein Fell noch kurz ist, sich leicht pflegen läßt. Bürste ihn entweder auf einem alten Tuch oder einer speziellen Unterlage, auf dem Boden oder stelle ihn auf einen Tisch oder auf den Klappkäfig. Achte immer darauf, wo Du ihn auch pflegst, es muß für ihn angenehm sein und stabil. Alles was wackelt macht ihn unsicher, veranlaßt ihn abzuspringen.

Meinen Welpen gebe ich immer ein Spielzeug oder einen Kauknochen, den sie normalerweise nicht bekommen. Wenn ich sie pflege, sehen sie mir deshalb bereits erwartungsvoll entgegen, schon wegen des Leckerbissens. Dies hindert sie auch, während der Pflege an Bürste und Kamm herumzuknabbern - eine Angewohnheit, die man gar nicht erst aufkommen lassen darf.

Übersprühe das Fell des Welpen leicht mit Pflegespray, bürste ihn dann tüchtig mit Nylon- und Borstenbürste. Kämme hinter seinen Ohren und unter seinen Ellenbogen. Bürste ihn dann sanft unter der Rute und im Bauchbereich. Unter der Rute solltest Du etwas Haar wegtrimmen, ebenso aus hygienischen Gründen im Genitalbereich. Dabei darf das Haar nicht zu nahe an der Haut geschnitten werden, denn borstiges Haar kann Juckreiz auslösen. Kontrolliere bei jeder Pflege Ohren, Augen und Krallen, beende die Pflege mit einem

Gewöhne Deinen Welpen von früher Jugend an Fellpflege.

weichen Durchbürsten mit einer Drahtbürste. Man braucht diese zwar für das Welpenhaarkleid noch nicht, gewöhnt aber den Hund an dieses Bürstengefühl für später.

Fellpflege fällt leichter, wenn Dein Hund flach auf dem Pflegetisch liegt.

Bist Du mit der Fellpflege fertig, lobe Deinen Hund tüchtig, setze ihn auf den Boden. Achte darauf, daß alle vier Pfoten fest auf dem Boden stehen, ehe Du ihn freigibst. Im Alter von wenigen Wochen ist der Bewegungsablauf eines Hundes noch nicht genügend koordiniert, daß er selbst herunterspringen dürfte. Packe den speziellen Leckerbissen bis zur nächsten Pflegezeit wieder weg, gehe mit dem Hund ins Freie, spiele einige Zeit mit ihm. Wenn Du auf diese Art Deinen Beardie regelmäßig pflegst, wartet er freudig auf die nächste Sitzung. Über seine Jugend wächst sein Haar immer mehr, braucht mehr Arbeit und längere Zeiten, nach und nach gewöhnt sich der Hund an die Pflegeroutine.

DAS ERWACHSENENFELL

Wenn möglich solltest Du den Hund flach auf die Seite legen, das macht es wesentlich einfacher, Unterpartien und Läufe zu pflegen. Besprühe das Fell leicht mit einem Pflegespray, arbeite Dich dann langsam mit Nylon- und Borstenbürste durch das Haarkleid, immer eine Lage nach der anderen, von einem Ende des Hundes bis zum anderen. Wenn erforderlich mußt Du mehr Spray einsetzen.

Nützlicher Rat: *Hunde mögen es nicht, wenn ihr Fell gegen den Strich gebürstet wird. Dies gilt besonders für die Läufe. Deshalb solltest Du versuchen, das Haar aufzunehmen und dann in Wuchsrichtung bürsten. An den Läufen arbeitet man beispielsweise von den Zehen zu den Ellenbogen, bürstet aber immer das Fell in Richtung Zehen.*

Mit dem Entfilzungskamm löst man die Knoten auf.

Wenn jede Lage durchgebürstet ist, wird sie entweder mit dem Kamm mit Holzgriff bearbeitet oder mit dem Entfilzungskamm, um sicherzustellen, daß im Fell keine Knoten bleiben. Löse sanft jede Verfilzung, halte sie zwischen Daumen und Zeigefinger einer Hand, kämme sie mit der anderen auseinander. Nie darfst Du gegen die Hundehaut ziehen, übe Druck nur aus auf Finger und Daumen, welche die Verfilzung halten. Ist eine Seite fertig, wird der Hund umgedreht, der ganze Prozeß wiederholt.

Besondere Aufmerksamkeit muß man dem Bauchbereich widmen, zwischen den Schenkeln, an den Ellenbogen, unter den Achseln, am Sprunggelenk, an Läufen, Pfoten, auch im Gesicht und hinter den Ohren. Aus hygienischen Gründen sollte man unter der Rute und rund um die Genitalien das Haar leicht zurückschneiden. Die Pflege endet mit einem kräftigen Durchbürsten mit der Drahtbürste. Jetzt darf Dein Beardie aufstehen, sich tüchtig *vom Kopf bis zur Rute schütteln,* dann geht es los zum fröhlichen Spiel.

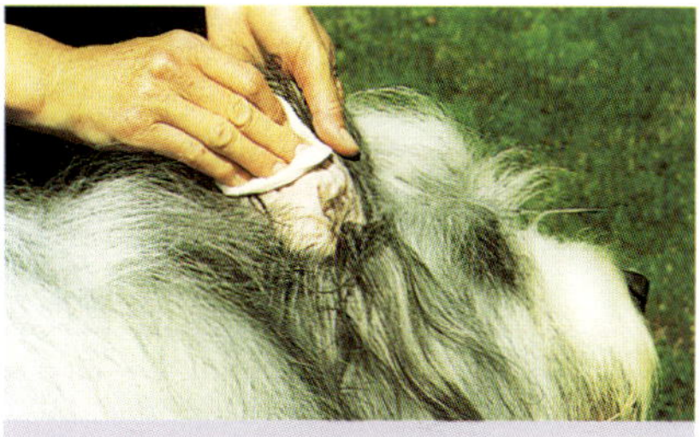

Benutze gegen Ohrschmalz Reinigungstücher.

OHREN

Kontrolliere die Ohren sorgfältig, zupfe mit der Pinzette überschüssige Haare aus. Nimm immer wenige Haare gleichzeitig, mit kurzem scharfen Ruck, fasse dabei die Haare so nahe wie möglich an der Wurzel an. Du darfst aber - *unter gar keinen Umständen* - dabei mit der Pinzette im Gehörgang herumbohren. Entferne alle Ohrschmalzablagerungen im Außenohrbereich mit Watte unter Zuhilfenahme eines guten Ohrreinigers, den Du vom Tierarzt oder Zoohändler erhältst.

Sollte Dein Beardie eine Ohrentzündung oder Ohrmilben haben, braucht er einige Ohrtropfen. Hierdurch werden Schmalzablagerungen weich gemacht und aufgelöst, sie können dann über den Gehörgang ausgeschwemmt werden. Immer müssen erst die Ohren gesäubert werden, ehe man neue Tropfen eingibt. Andernfalls besteht die Gefahr, infizierten Schmutz nach unten zu stoßen, was es dann nahezu unmöglich macht, Entzündungen zu beseitigen. Der ganze Prozeß wird so lange wiederholt, bis die Ohrinfektion völlig beseitigt ist. Derartige Ohrinfektionen können sehr ernsthaft, ja lebensbedrohend sein. Im Zweifelsfall solltest Du nie zögern, beim Tierarzt Hilfe zu suchen.

AUGEN

Tritt irgendeine Rötung oder stärkerer Ausfluß auf, solltest Du Deinen Hund dem Tierarzt vorstellen. Reinige stets den *Schlaf* aus den Ecken der Hundeaugen, am besten erfolgt dies mit Watte, in abgekochtem Wasser eingeweicht und auf Körpertemperatur abgekühlt.

Heute haben viele Beardies ein dichteres Fell als ihre Vorfahren. Ist Dein Beardie am Kopf stark behaart, solltest Du ihn nicht umherlaufen lassen, ohne

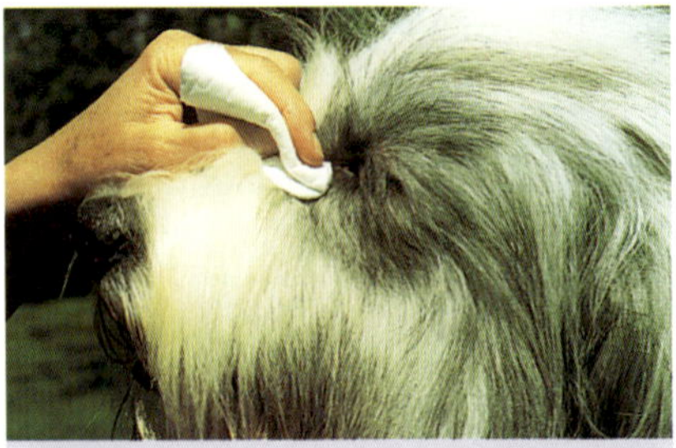

Zur Augenreinigung verwendet man feuchte Watte.

daß er das Tageslicht sehen kann. Handelt es sich um einen Familienhund, kannst Du das Haar zu einem durchsichtigen Vorhang zurücktrimmen. Geht es um einen Ausstellungshund, muß das Haar mit einem elastischen Band aus den Augen gehalten werden, bis der Hund im Ring vorgestellt wird.

Mit einer Krallenschere werden die Krallenspitzen gekürzt.

KRALLENPFLEGE

Die Krallen müssen regelmäßig kontrolliert werden. Dabei darf man Wolfskrallen nicht vergessen, wenn sie stehengeblieben sind. Wolfskrallen sind die Überbleibsel einer fünften Zehe, liegen an der Innenseite der Vorderläufe, etwas höher als die vier anderen Zehen. Da sie höher liegen, werden sie durch die Bewegung nicht abgenutzt. Wichtig ist, sie so kurz wie möglich zu schneiden, daß sie nicht nach innen wachsen und die Hundehaut oder den weichen Ballen, der dahinter liegt, durchdringen. Beim Krallenschneiden wird immer nur die Spitze entfernt, man darf nie *ins Leben schneiden.* Dies würde nicht nur Schmerzen und Blutung auslösen, sondern den Hund sehr zögerlich machen, in Zukunft noch seine Pfoten behandeln zu lassen. Kontrolliere Zwischenzehen und Ballen immer auf Verknotungen, Schmutz oder andere Dinge, die sich angesammelt haben könnten und Schmerzen auslösen. Entsteht eine Nagelbettinfektion, muß diese tierärztlich behandelt werden.

ZÄHNE

Es ist außerordentlich wichtig, die Zähne des Hundes sauber und in guter Verfassung zu halten. Korrekte Ernährung, die richtigen Knochen zum Nagen und Zähne reinigendes Spielzeug sollten im Normalfall die Zähne sauberhalten. Kontrolliere aber regelmäßig die Zähne Deines Hundes auf Zahnstein oder entzündetes Zahnfleisch. Zahnstein wird mit einem Zahnschaber entfernt, aber sehr vorsichtig, damit das Zahnfleisch nicht verletzt wird. Am besten legt man

Zahnstein muß mit einem Zahnsteinentferner entfernt werden.

den Hund flach auf die Seite, hebt eine Lefze an, exponiert damit das Zahnfleisch, nutzt den Zahnschaber, arbeitet dabei immer vom Zahnfleisch weg in Richtung auf die Zahnspitze. Wenn der Hund schadhafte Zähne oder Zahnfleischentzündung hat, braucht er tierärztliche Behandlung. Bei der Zahnkontrolle sollte man auch darauf achten, daß sich im Haar rund um den Fang kein Futter verfangen hat, dies, wenn vorhanden auskämmen.

BADEN

Man kann unmöglich sagen, wie oft man einen Bearded Collie baden soll. Baden reinigt nicht nur Fell und Haut, stärkt die Gesundheit, sondern dadurch wird auch das Zusammenleben mit dem Tier angenehmer. Vor dem Baden muß das Fell völlig durchgearbeitet werden, alle Verfilzungen und Ablagerungen werden entfernt. Nie darf man beim Bearded Collie aus dem nassen Fell Verfilzungen zu lösen versuchen, das ist für den Hund viel zu schmerzhaft. Durch das Wasser werden die Knoten enger, lassen sich viel schwieriger lösen. Nasses Haar ist elastischer, bricht aber leichter.

Es gibt vorzügliches Hundeshampoo auf dem Markt. Wähle je nach Anforderung das richtige - entweder Shampoo für bessere Kondition, Spezialshampoo oder Insektizidshampoo. Übersieh nie Anzeichen, daß Dein Beardie sich viel kratzt. Setze ihn, wenn erforderlich, ins Bad. Vermutest Du Flohbefall, solltest Du ein Shampoo mit einem Etikett wählen, das aussagt, *tötet Flöhe.* Die Aussage *kontrolliert Flöhe* ist zu schwach. Letzteres betäubt die Flöhe nur etwa für eine halbe Stunde oder etwas mehr, schließlich sind alle Anstrengungen umsonst. Baden und Trocknen des Beardie, korrekt durchgeführt - bedeutet harte Arbeit. So solltest Du Dich vergewissern, daß Du immer für den entsprechenden Zweck das richtige Shampoo einsetzt, ehe Du mit dem Baden beginnst. Wenn sich trotz Deiner Bemühungen der Hund weiter kratzt, solltest Du den Tierarzt um Rat bitten. Mög-

Shampoo wird mit dem Schwamm aufgetragen.

licherweise muß ein stärkeres, verschreibungspflichtiges Shampoo eingesetzt werden.

Checkliste der Geräte, die man zum Hundebaden braucht:

- Sicherheitsmatte aus Gummi.
- Schwamm.
- Nylonüberziehleine.
- Absorbierende Hundetücher.
- Plastikkanne.
- Shampoo/Fellkonditioner.
- Brause zum Abspülen.
- Plastikschürze.

Lege die Gummimatte unten in die Badewanne, mische in einer Kanne etwas Shampoo mit warmem Wasser, lege die Hundetücher auf den Boden, auf den der Hund nach dem Baden springt, lege selbst eine Gummischürze an. Ziehe dem Hund eine Nylonleine an - Nylon kann problemlos naß werden - führe damit den Hund ins Bad. Hebe ihn sanft in die Wanne. Ist er nicht bereit, alleine ruhig zu stehen, brauchst Du einen Helfer, der die Leine festhält.

Halte den Duschkopf in einer Hand, durchfeuchte das Fell mit warmem Wasser, in diesem Stadium darf aber der Hundekopf nicht naß werden.

Mit einem Schwamm wird Hundeshampoo ins Fell gerieben. Spüle es schnell wieder aus. Danach wird der Kopf angefeuchtet und mit Shampoo

Spüle das Fell gründlich.

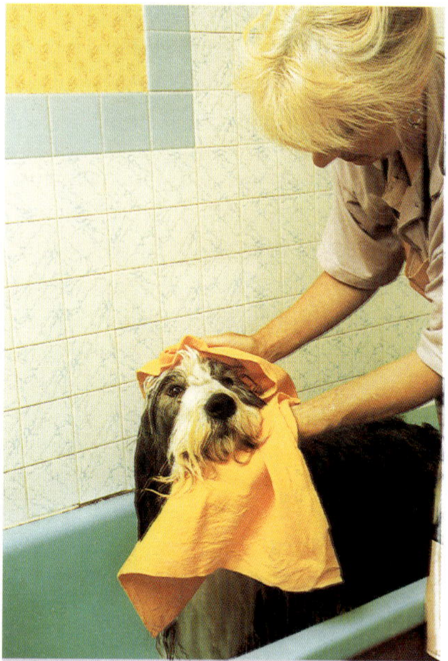

Abfrottieren von Feuchtigkeit.

Beim Trocknen wird das Fell laufend mit der Drahtbürste bearbeitet.

behandelt. Dabei sollte man sehr vorsichtig sein, daß kein Shampoo in die Augen gerät. Beim Abspülen muß man darauf achten, daß kein Wasser in die Ohren fließt. Am besten plaziert man den Daumen auf die Ohröffnung, ebenso die Hand über die Augen, damit keine Seife hineingerät. Achte auch darauf, daß kein Wasser in die Nase des Hundes kommt, beim Abspülen des Fangs wird die Nase sanft nach unten gehalten. Das abschließende Durchspülen muß sehr gründlich erfolgen, damit alle Seifenreste aus dem Hundefell entfernt werden. Danach wird die restliche Wassermenge durch sanftes Streichen und Druck gegen den Körper ausgepreßt.

Nützlicher Rat: *Wenn Dein Hund zu früh mit dem Sichselbstschütteln beginnt, solltest Du Deine Hand fest auf seinen Kopf legen. Im allgemeinen hört er auf, denn er möchte sich immer »vom Kopf bis zur Rute schütteln«.*

Wenn Du beim Trocknen absorbierende Tücher benutzt, sollten sie schon verwendet werden, während der Hund in der Wanne steht. Reibe den Hund mit den Tüchern, wringe sie aus und setze sie erneut ein - wie ein Chamoisleder. Ist der Hund einigermaßen trocken, solltest Du ihn auffordern, aus der Wanne oder Dusche auf die Hundetücher zu springen. Jetzt darf er sich schütteln. Dann wird er im Haus untergebracht, bis er völlig trocken ist.

TROCKNEN

Man sollte einen Hund nur dann natürlich trocknen lassen, wenn dies an einem heißen Tag wirklich möglich ist. Bade den Hund früh genug, daß Dein Hund nicht mit mehr als gerade noch feuchten Pfoten in sein Lager muß. Wenn Du einen Föhn verwendest, solltest Du die warme und direkte Luft auf das Hundefell richten. Bürste mit schnellen, gleichmäßigen Strichen entweder mit Nylon- oder Borstenbürste, auch mit der Stahlbürste. Die Haare werden zunächst gegen den Strich, dann mit dem Strich gebürstet. So arbeitet man jeden Einzelbereich durch, bis der Hund ringsum völlig trocken ist.

Alles fertig! Strahlende Schönheit!

7

Gesundheitsfürsorge

Insgesamt gesehen ist der Bearded Collie eine gesunde Hunderasse. Dein Hund sollte auch ein gutes Alter erreichen, bei wenigen Besuchen beim Tierarzt, mit Ausnahme der Routineschutzimpfungen und des jährlichen Gesundheitschecks. Es ist aber immer gut, gewisse Grundkenntnisse über einige Erkrankungen zu haben, denen man sich zuweilen gegenübersieht. Dadurch kann man bereits im Frühstadium eingreifen.

TEMPERATUR

Wann immer Du Dir über die Gesundheit Deines Beardies Gedanken machst, hilft es, die Körpertemperatur zu messen. Hierzu soll der Hund entweder seitlich liegen oder man stellt ihm ein Knie unter den Bauch, daß er sich nicht setzen kann, hebt die Rute an. Dann wird das Fieberthermometer vorsichtig in den After tief eingeführt, hier etwa eine Minute festgehalten. Die Normaltemperatur des Hundes liegt bei etwa 38,4°C. Gibt es hier stärkere Abweichungen - gleich in welcher Richtung - sollte man den Hund zum Tierarzt bringen. Die Temperatur der tragenden Hündin sinkt vor der Geburt bis unter 37°C ab, das ist völlig normal. Achte darauf, daß das Thermometer die traditionelle Form hat, mit rundem stumpfem Ende oder wähle ein Digitalthermometer.

VERABREICHEN VON MEDIKAMENTEN

TABLETTEN

Am besten versteckt man die Tabletten in einem Stück Butter, Käse oder Wurst. Laß den Hund sich vor Dich setzen, füttere zunächst ein Stück Wurst ohne Tablette. Bei besonders vorsichtigen Beardies wird das Ganze wiederholt! Fühlt er sich sicher, daß er nur leckere Bissen erhält, wird in das nächste Stück Wurst die Tablette gelegt. Wenn Du diesem Rat folgst, sollte das ganze Tablettengeben problemlos sein. Ist eine halbe Tablette zu verabreichen, bricht man sie in der Mitte, taucht den Finger in Wasser, glättet mit dem feuchten Finger die scharfen Kanten der Tablette. Dadurch wird sie abgerundet, reduziert sich das Risiko, daß sie sich beim Schlucken in der Kehle verfängt.

FLÜSSIGE MEDIKAMENTE

Am besten verabreicht man Flüssigkeiten mit einer Spritze - ohne Nadel - oder einem Augentropfer. Hebe den Hundekopf leicht an, ziehe vorsichtig seitlich des Kiefers die Backentasche von den Zähnen. Dann wird vorsichtig die Spritze eingeführt und die Medizin entleert. Halte den Hundekopf weiter nach oben, den Fang verschlossen, streichle sanft seine Kehle, bis er schluckt - und die Medizin ist da, wo sie hin soll. Wenn Du dagegen den Fang des Hundes öffnest, die Medizin auf die Zunge gibst oder nach hinten in die Kehle, schließt er kurzerhand den Kehlkopf und spuckt das Ganze wieder aus.

IMPFUNGEN

Ist das erste Impfprogramm Deines Junghundes abgeschlossen, braucht er für das ganze restliche Leben regelmäßige Wiederholungsimpfungen. Dies bietet gleichzeitig gute Gelegenheit, daß der Tierarzt sich den Hund gründlich ansieht.

VERBREITETE ERKRANKUNGEN

ANALDRÜSEN

Beidseits des Afters an der Oberfläche des Rektums liegen kleine Drüsen. Wenn diese Drüsen entleert werden müssen, enthalten sie eine streng faulig riechende Flüssigkeit. Sind diese Drüsen überfüllt, wird Juckreiz ausgelöst. Häufig knabbert der Hund in diesem Bereich oder fährt mit seinem Hinterteil auf dem Boden Schlitten. Ernsthafter Schaden kann auftreten, wenn unerfahrene Hundehalter versuchen, die Drüsen selbst zu entleeren. Kontrolliere den Bereich auf Geruch, Schwellungen oder einen Abszeß, bei Problemen solltest Du den Tierarzt um Hilfe bitten. Vielleicht zeigt er Dir, wie man selbst solche Probleme lösen kann.

MAGENUMDREHUNG

Ursache sind Gase, die den Magen stark aufblähen und drehen. Hierdurch werden sowohl Eingang wie Ausgang des Magens verschlossen, so daß er sich schnell weiter vergrößert. Ein sehr schmerzhafter und lebensbedrohender Notfall! Ab den ersten Symptomen muß der Hund spätestens innerhalb von 30 Minuten beim Tierarzt sein, wenn er die Chance zum Überleben haben soll. Glücklicherweise sind Beardies für Magenumdrehung nicht besonders anfällig. Man sollte aber auslösende Faktoren meiden, insbesondere seinen Hund nie früher als eine halbe Stunde vor oder nach dem Auslauf füttern.

ZERSCHNITTENE BALLEN/ AUSGERISSENE KRALLEN

Oberflächenschnitte sollten dreimal täglich in einer Salzlösung, im Verhältnis ein gestrichener Teelöffel Salz mit einem halben Liter gekühltem, abgekochtem Wasser gebadet werden. Damit sich während des Heilungsprozesses der Hund unverändert bewegen kann, umwickelt man die Pfote an der entsprechenden Stelle mit Spezialpflaster. Es handelt sich hierbei um ein in Apotheken erhältliches Klebepflaster, das mit sich selbst, nicht aber an Haaren oder Haut klebt. Dieses Pflaster darf man nicht zu eng um die Hundepfote wickeln, andernfalls behindert man die Blutzirkulation. Ziehe einen kleinen, kräftigen Plastikbeutel über die Hundepfote und halte diesen wieder mit Pflaster, oben am Abschluß, an Ort und Stelle. Wenn Du Deinen Hund auf Gras bewegst und nach Hause kommst, solltest Du Beutel und Verband abnehmen, damit Luft an die Wunde kommt. Verhindert der Hund das Abheilen der Wunde, indem er sie ständig leckt, kann man sich vom Tierarzt einen elisabethanischen Kragen besorgen. Denke aber daran, mit diesem Kragen kann der Hund weder fressen noch trinken, er muß also immer wieder abgenommen werden, während man in dieser Zeit den Hund beaufsichtigt. Bei tieferen Wunden und herausgerissenen Krallen bedarf es tierärztlicher Hilfe, andernfalls heilt die Wunde nicht ab.

CYSTITIS - BLASENENTZÜNDUNG

Unter Cystitis versteht man Blasenentzündung aufgrund einer Infektion. Symptome hierfür sind häufiges Urinieren, Schmerzen beim Wasserlassen. Manchmal sieht man Blutspuren im Urin. Cystitis wie Vaginitis (Scheidenentzündung) treten bei jungen Beardies häufiger auf. Der Tierarzt muß sich den Hund ansehen. Man sollte immer eine Urinprobe mitnehmen. Im allgemeinen reicht eine Antibiotikabehandlung aus, um die Probleme schnell zu lösen.

Wichtiger Rat: Um bei einer Hündin Urin einzusammeln, wird sie angeleint, wartet man unterwegs bis sie zu urinieren beginnt, schiebt dann von hinten ein flaches Gefäß unter sie.

Wenn man von einem Jungrüden eine Urinprobe einsammeln will, der gerade pinkelt, geschieht es nach obigem Muster, naturgemäß muß man aber die flache Schale jetzt seitwärts bewegen. Beim erwachsenen Rüden braucht man ein tieferes Gefäß.

Hervorzuheben ist, daß genaue Analyse des Urins dem Tierarzt wertvolle Informationen vermitteln. Auch in anderen Krankheitsfällen im Bereich Blase und Niere sind Urinuntersuchungen empfehlenswert.

DURCHFALL

Wenn bei Deinem Beardie Durchfall auftritt, könnte dies einfach nur ein Hinweis sein, daß in der Ernährung etwas falsch gemacht wurde, möglicherweise handelt es sich auch um eine Erkältung. Wichtig ist immer, über 24 Stunden den Hund fasten zu lassen, in dieser Zeit leert sich der Magen und kann sich wieder beruhigen. Über den gesamten Zeitraum muß der Hund unbedingt Zugang zu viel frischem Trinkwasser haben. Über die nächsten Tage erhält er eine Diät, gekochtes Huhn oder Fisch mit Reis oder Teigwaren. Nach und nach kehrt man wieder zum alten Futter zurück, wenn man den Eindruck hat, das Problem sei gelöst. Erweist sich der Durchfall als dauerhaft, insbesondere wenn es noch zum Erbrechen kommt oder sich Blut im Stuhl zeigt, muß man ohne Zögern den Hund dem Tierarzt vorstellen.

HITZSCHLAG

Nie darfst Du Deinen Hund an einem warmen Tag alleine im Auto zurücklassen, selbst wenn es im Schatten steht, Dach und Fenster leicht geöffnet sind. Innerhalb weniger Minuten kann sich der Innenraum des Autos zu Backofentemperatur aufheizen. Dadurch wird die Körpertemperatur Deines Hundes stark angehoben, es könnte zum Hitzschlag führen, der oft tödlich verläuft.

Wenn man einen Hitzschlag vermutet (der Hund erbricht, hat starken Durchfall, steht nahezu vor dem Zusammenbruch), ist Eile geboten, sofort muß die Körpertemperatur abgesenkt werden. Entweder taucht man den ganzen Hund unterhalb des Halses in ein Bad mit kaltem Wasser in einen Fluß, Teich oder ähnliches, man duscht ihn ab, bis sich die Temperatur senkt. Kühlung mit Eisbeutel (notfalls Gefriergut) kann gleichfalls helfen. Wenn der Hund vor dem Zusammenbruch steht, muß er schnellstens zum Tierarzt.

HÜFTGELENKSDYSPLASIE

Hüftgelenksdysplasie ist eine Fachbezeichnung, die sich auf verschiedene Grade der Mißbildung von Beckenpfanne und Oberschenkelkopf bezieht. Die Erkrankung findet man bei einer Vielzahl von Rassen, einige sind schwerer betroffen als andere. Insgesamt handelt es sich beim Bearded Collie um kein häufiges Problem, sorgfältige Zuchtwahl sollte sicherstellen, daß dies auch so bleibt. In leichten Fällen erkennt man keine äußeren Anzeichen von Hüft-

Sallen Rhum at Runival und Quinbury Snowdrifer at Runival CD Ex. Letzterer ist als Rettungshund anerkannt, das Foto ist in den Cairngorms aufgenommen.

problemen, in schwereren Fällen treten diese aber bereits bei Junghunden ab einem Alter von fünf bis sechs Monaten auf. Die Junghunde zeigen Schwierigkeiten, aus sitzender Stellung auf die Beine zu kommen, manchmal gibt es auch Probleme beim Gehen.

Die Krankheit läßt sich nur durch Röntgen diagnostizieren. Solltest Du eine Zucht mit Deinem Beardie in Erwägung ziehen, muß er zuvor auf Hüftgelenksdysplasie geröntgt werden, um den Status seiner Hüfte zu bestimmen. Es gibt eine Vielfalt verschiedener Auswertungen, je nach dem, in welchem Land man lebt. In England sind die niedrigeren Zahlen Hinweis, daß Hüftgelenksdysplasie nur geringfügig gegeben ist. Die Minimumzahl für jede Hüfte beträgt 0, die Maximalzahl 53. Insgesamt gibt es also einen Gesamtspielraum des Hüftwertes zwischen 0 und 106.

ZWINGERHUSTEN

Wie der Name schon sagt, tritt diese hoch ansteckende Viruserkrankung vor allen Dingen da auf, wo viele Hunde gemeinsam gehalten werden. Sie wird durch in der Luft liegende Partikel oder durch gegenseitiges Beschnüffeln der Hunde an den Nasen übertragen. Das erste Anzeichen ist meist, daß der Hund versucht, die Kehle frei zu räuspern, viele Besitzer glauben irrtümlich, dem Hund stecke etwas in der Kehle. Weiteres Anzeichen ist Husten bei Aufgeregtsein oder nach dem Auslauf. Wenn Du Zwingerhusten vermutest, solltest Du den Hund sofort isolieren, den Tierarzt anrufen.

Wenn Du mit dem Hund zum Tierarzt gehst, nicht ins Wartezimmer, vielmehr wenn er an der Reihe ist direkt ins Sprechzimmer, ohne daß Dein Hund die Chance hat, auf dem Weg dahin mit anderen sich gegenseitig zu beschnüffeln. Meist werden Antibiotika verschrieben, um Sekundärinfektionen zu unterbinden. Wichtig ist es, den Hund warm und ruhig zu halten, bis die Symptome schwinden. Vor jedem Aufenthalt in einer Tierpension oder Besuch von Massenveranstaltungen solltest Du Deinen Beardie gegen Zwingerhusten impfen lassen.

INNERE PARASITEN

Im allgemeinen findet man zwei Wurmarten bei Hunden - Spulwurm und Bandwurm. In anderen Ländern gibt es weitere Wurmarten, beispielsweise in Bereichen der USA, wo Hunde auch gegen Herzwürmer behandelt werden müssen.

Spulwürmer: In erster Linie sind dies Parasiten von Junghunden. Die Welpen werden bereits im Mutterleib infiziert. Außerordentlich wichtig ist, die Welpen sollten etwa im Alter von zwei Wochen beim Züchter entwurmt werden, passende Präparate erhält man vom Tierarzt. Weitere Wurmkuren sollten mit fünf Wochen, acht Wochen und zwölf Wochen erfolgen. Bei erwachsenen Hunden wird von Tierärzten empfohlen, sie alle drei bis sechs Monate regelmäßig entwurmen zu lassen, um Reinfektionen zu vermeiden.

Bandwurm: Wie der Name schon sagt, dies ist ein flacher, bandähnlicher Wurm. Er besteht aus einem saugenden Kopfteil - das sich im Darm des Hundes eingegraben hat - und Körpersegmenten, die ein Band bilden. Über einen Meter kann dieser Wurm lang werden. Wenn die Glieder abbrechen, werden sie über den Kot des Hundes ausgeschieden, man sieht die reiskornähnlichen Glieder im Afterbereich des Hundes.

Der Floh ist einer der Zwischenwirte des Bandwurms. Treten bei Deinem Beardie Flöhe auf, ist es immer vernünftig, vorsichtshalber eine Bandwurmbekämpfung durchzuführen. Wenn Du Deinem Tierarzt sagst, daß Du Bandwurmbefall vermutest, kann er Dir ein entsprechendes Wurmmittel geben. Zur korrekten Dosierung muß man immer das Gewicht des Hundes kennen.

ÄUSSERE PARASITEN

Gerade bei einer langhaarigen Hunderasse können äußere Parasiten zum Problem werden. Wenn Dein Beardie sich kratzt, solltest Du ihn sehr sorgfältig untersuchen, um die Ursache zu ermitteln und Gegenmaßnahmen zu ergreifen.

Erkennst Du keinen eindeutigen Grund für das laufende Kratzen des Hundes, bring ihn zum Tierarzt. Wenn der Tierarzt eine entzündungshemmende Injektion oder Tabletten verabreicht, um den starken Juckreiz zu dämmen, solltest Du Dir immer vor Augen halten, daß dies nur das Problem maskiert, nicht aber tatsächlich heilt.

Flöhe: Dies sind kleine, rotbraune Insekten, deren Bisse bei Hunden zuweilen starken Juckreiz auslösen. Sie können sich mit großer Schnelligkeit durch das Hundefell bewegen, sind oft schwierig zu entdecken. Ein Sekundärzeichen, daß Dein Hund von Flöhen befallen wurde, ist die Anwesenheit von Ausscheidungen, die wie schwarze, sandähnliche Körnchen auf der Haut wirken, sich auflösen, wenn man sie auf ein nasses weißes Tuch legt. Dabei hinterlassen sie eine rotbraune Färbung. Hierbei handelt es sich dann immer um Flohexkremente.

Wenn Dein Hund von Flöhen befallen ist, würde ich ihm ein insektizides Bad geben. Besprühe aber auch das Lager und alle Bereiche im Haus, wohin der Hund kommt, mit einem guten Flohspray - eigens hierfür entwickelt - immer entsprechend den Anweisungen des Herstellers.

Einige Tage später solltest Du auch den Hund selbst mit einem guten Spray vom Tierarzt behandeln. Du solltest aber nicht insektizides Bad und insektizides Spray am gleichen Tag anwenden, zunächst ist ein Bad immer wirksamer. Diese Behandlung sollte auf mehrere Wochen jede Neuansteckung durch Flöhe unterbinden. Achte darauf, nutze immer ein Spray für das Umfeld, ein anderes für den Hund. Schwerer Flohbefall kann Anämie und Ekzeme auslösen.

Läuse: Die Laus ist ein anderes beißendes Insekt, im allgemeinen aber leichter auszurotten als der Floh, da es nicht hüpfen kann, sondern sich langsam bewegt. Läuse sind kleine Insekten mit beigebraunem Körper. Im allgemeinen versammeln sie sich im Ohrbereich und rund um den Hals. Die Eier werden auf das Hundehaar abgelegt - Auskämmen mit dem Flohkamm kann helfen, die Eier aus dem Haar zu entfernen. Bei Junghunden mit noch kurzem Haar ist dies möglich, im allgemeinen bei dem Beardie in vollem Haarwuchs aber nicht.

Wenn Du Deinen Hund mit einem guten Insektizidbad behandelst, achte darauf, alle gebildeten Verkrustungen abzulösen. Dies erfolgt, während der Hund im Bad ist, die Verkrustungen aufgeweicht sind. Diese Verkrustungen dienen den Läusen als Schirme, sie können sich darunter verstecken, sich aus dem Bereich des Shampoos fernhalten. Deshalb ist dies ein sehr wichtiger Rat! Der Badeprozeß muß wöchentlich wiederholt werden, bis das Problem gelöst ist. Gleichzeitig sollte man auch Haus und Hundelager besprühen.

Zecken: Zecken treten stärker in Bereichen auf, wo Schafe grasen und in Wäldern mit Hirschen und Rehen. Zecken sind Blutsauger, die sich mit einem beißenden Kopf in der Hundehaut verankern. Ehe sie zu fressen beginnen, sehen sie aus wie ein dunkelbraunes oder schwarzes flachwirkendes, spinnenähnliches Insekt, das umherkrabbelt. Haben sie sich aber erst mit Blut vollgesaugt, sehen sie wie eine graupurpurne gebackene Bohne aus, etwa von gleicher Größe. Viele Hundebesitzer verwechseln diese Tiere anfänglich mit Warzen.

Es gibt einen Trick, um erfolgreich Zecken zu entfernen, ohne daß der beißende Kopf in der Hundehaut steckenbleibt, was zu Abszessen führen könnte. Am besten dreht man die Zecke entgegen dem Uhrzeigersinn mit einer Zeckenzange aus. Nicht abreißen, sondern ausdrehen. Geschickte Hundebesitzer können dies auch mit den eigenen Händen. Die frühere Methode, den Zeckenkörper mit Öl oder Alkohol zu betupfen, wird nicht mehr empfohlen, da bei dieser Entfernungsart das Insekt Giftstoffe in den Hundekörper abgibt. Besonders vorsichtig muß man sein, wenn man Zecken im Augenbereich entfernen will.

Im allgemeinen fallen die Zecken von alleine ab, wenn sie sich erst voll Blut gesaugt haben. Es ist aber nicht empfehlenswert, hierauf zu warten. Zeckenentfernung und anschließendes Töten ersparen dem Hund unliebsamen Juckreiz, denn viele Hunde sind gegen Zeckenbisse allergisch.

Erntemilben: Wie der Name schon sagt, diese Milben treten besonders über die Sommermonate auf. Sie sehen aus wie winzige Körner orangefarbigen Sandes, versammeln sich in Gruppen, vor allen Dingen zwischen den Zehen des Hundes und auf den Augenbrauen. Der Hund muß mit geeignetem Shampoo gewaschen werden, wobei man vorsichtig sein sollte, damit keine Chemikalien in die Augen kommen.

PROSTATADRÜSE

Wenn es zu Prostatadrüsenentzündungen kommt, sind die Rüden im allgemeinen über fünf Jahre alt. Auf folgende Anzeichen muß man achten:

- Blut tropft aus dem Penis.
- Stuhlgang, der flach und bänderartig wirkt, weil er in der Nähe der entzündeten Prostatadrüse passiert, wenn der Hund Kot absetzt.
- Unfähigkeit, Urin abzusetzen.

Die Zurückhaltung von Urin ist lebensbedrohlich, tierärztliche Hilfe muß sofort eingeholt werden. Zunächst wird der Tierarzt versuchen, das Problem mit weiblichen Hormonen zu behandeln, das reduziert meist die Entzündung der Drüse. Wenn das Problem aber erneut auftritt, ist eine Kastration die einzige Dauerlösung.

Richtig betreut wird Dein Beardie ein langes erfülltes Leben führen, unterliegt nur wenigen gesundheitlichen Problemen.

PYOMETRA

Bei dieser Erkrankung füllt sich die Gebärmutter der Hündin mit Eiter. Bei einer offenen Pyometra sieht man dies und riecht es. Es bildet sich ein dicker zäher brauncremefarbener eitriger Ausfluß aus der Vagina der Hündin. Die Hündin hat auch hohes Fieber und vermehrten Durst.

Eine geschlossene Pyometra unterscheidet sich von der offenen, weil der Eiter in der Gebärmutter eingeschlossen ist, durch die Wände des Uterus in den Blutkreislauf abgeht. Bis zum Zeitpunkt, da Du feststellst, daß etwas nicht in Ordnung ist, hast Du bereits eine sehr kranke Hündin. Deutliche Symptome sind auch hier wieder verstärkter Durst und hohes Fieber.

Beide Pyometraarten sind lebensbedrohlich, erfordern sofortige tierärztliche Behandlung.

STICHE

Du solltest Deinen Hund so erziehen, daß er weder nach Bienen noch nach Wespen schnappt. Wird er dennoch gestochen, solltest Du den Stachel suchen, ihn mit der Pinzette ausziehen. Sofortige tierärztliche Behandlung ist notwendig, wenn der Hund im Maul gestochen wird, es zu Schwellungen kommt.